JN493693

AI와 창의적 광고 아이디에이션

인공지능총서

인공지능 시대입니다. 기계가 인간의 인지를 대신하고, 사물이 인간을 통하지 않고 다른 사물과 직접 커뮤니케이션합니다. 이에 따른 인간 삶과 문명 변화를 정확히 이해·예측·대응하는 것은 이 시대 우리 모두의 과제입니다. 인공지능총서는 인공지능 기술과 환경의 여러 주제를 10가지 키워드로 정리합니다. 관련 개념과 이론, 학계와 산업계의 쟁점, 우리 일상의 변화를 다룹니다. 인간과 기술의 현재, 미래를 세심히 분석합니다.

일러두기

- 인명, 작품명, 저서명, 개념어 등은 한글과 함께 괄호 안에 해당 국가의 원어를 병기했습니다.
- 외래어 표기는 현행 어문규정의 외래어표기법을 따랐습니다.

처음이세요?

전문가세요?

지금, 큐알 찍으면

- AI 입문서 바로 선물
- 당신만의 필독서 추천
- 500권 요약본 공짜
- 오디오북 무료 사용

AI와 창의적 광고 아이데이션

이구익

대한민국, 서울, 커뮤니케이션북스, 2025

AI와 창의적 광고 아이데이션

지은이 이구익
펴낸이 박영률

초판 1쇄 펴낸날 2025년 9월 15일

커뮤니케이션북스(주)
출판 등록 2007년 8월 17일 제313-2007-000166호
02880 서울시 성북구 성북로 5-11
전화(02) 7474 001, 팩스(02) 736 5047
commbooks@commbooks.com
www.commbooks.com

이 책은 커뮤니케이션북스(주)가 저작권자와 계약해 발행했습니다.
본사의 서면 허락 없이는 어떠한 형태나 수단으로도
이 책의 내용을 이용할 수 없음을 알려드립니다.

ⓒ 이구익, 2025

ISBN 979-11-430-0512-0 03500

책값은 뒤표지에 표시되어 있습니다.

차례

전통적인 광고 아이데이션 방법, AI는 어떻게 혁신적으로 변화시킬까

산업과 시대가 변화하고 소비자의 욕구와 미디어가 발달함에 따라 광고의 형태도 아이디어를 도출하는 방식도 지속적으로 변화했다. 전통적인 광고 아이데이션(ideation)의 법칙들을 살펴보고 AI를 활용하면 어떻게 혁신적으로 발전할 수 있는지 연구하고자 한다. 이로 인해 인간의 한계를 넘어 더욱 창의적이고 다양한 아이디어의 발상법이 시작될지 모른다.

인공지능, 인간 두뇌의 확장을 돕다

인류가 지금까지 고민해 온 '창의성'이라는 의미는 이제 다시 규정해야 할 것 같다. 광고 회사들마다 불면의 밤을 만들던 창의적 아이디어에 대한 과정은 이제 AI를 만나 새로운 지평으로 나아갈 것이 예측된다.

모든 사물들이 AI와 함께 융합되고 새로운 발전을 하고 있는 상황에서 인간의 창의성과 아이디어의 영역 역시 AI와 함께 빠르게 발전할 수밖에 없다. 과연 아이디어를 도출하는 것은 오직 인간의 영역일까? 이에 대한 해답으로 AI 기술을 활용하면 우리의 아이디어는 과연 어떻게 확장될 수 있을까?

이 질문은 지금까지 광고 회사에서 수많은 기획안을 쓰고, 학교에서 창의적 사고에 대한 아이디어 중심의 수업을 진행하며 반복적으로 던져 온 말이었다. 많은 이들이 창의성을 타고나는 것이라 말하지만, 정작 '어떻게 창의적인 아이디어가 만들어지는가'에 대해서는 명확히 말하기 어려웠고 무엇이 가장 최선인가에 대한 확정도 할 수 없었다. 하지만 분명한 것은 아이디어를 도출하기 위한 '최선의 과정'이 없다면, 여전히 거듭되는 창의성에 대한 고민이 개별적으로 계속될 것이며 후대에 최선의 답을 전수하는 여정을 소개하기 어려울 것이라는 사실이다. 따라서 이제까지 아이데이션을 효과적으로 진행하기 위한 다양한 방법론을 연구하고 그 안에 AI와 연계해 시너지를 낼 수 있는 방법을 소개하고자 한다.

AI는 인간이 수십 년간 정립해 온 아이데이션 기법들을 몇 초 만에 따라 하고, 때로는 그 이상의 통찰을 보여준다. 챗지피티(ChatGPT), 미드저니(Midjourney), 수노(Suno), 노션 에이아이(Notion AI) 등 생성형 AI 도구들은 글쓰기, 작곡, 디자인, 마케팅에 이르기까지 인간의

'아이디어 영역'에 빠르게 진입하고 있다. 이제 인류의 역사를 바꿔 놓을 수 있는 혁신적인 AI의 발달은 인간 고유의 영역이었던 철학과 사유에 대해 새로운 의미를 적용해 볼 수 있다.

고대 철학자 소크라테스는 참된 앎이란 타인의 질문을 통해 스스로 인식하도록 이끄는 것이라 보았고 이를 '산파술(maieutics)'이라 불렀다. 그는 자신의 역할을 진리를 직접 전달하는 자가 아니라 상대방이 스스로 사고해 아이디어를 '출산'할 수 있도록 돕는 지적 산파로 이해했다. 이와 같은 철학은 플라톤의 대화편《테아이테토스(Theaetetus)》에서 잘 드러난다. 소크라테스는 대화 상대인 테아이테토스에게 다음과 같이 말한다(Plato, 1997).

> "나는 젊은이에게 지식을 심어 주지 않는다. 다만 그들 안에 이미 있는 것을 출산하도록 돕는다."

이러한 접근은 단지 교육 방식에 그치지 않고 자기 성찰적 사고를 촉진하는 창의적 아이디어 도출의 원형이자 오늘날 소크라틱 질문법(Socratic questioning)의 토대가 된다(Paul & Elder, 2006). 오늘날 우리가 AI에게 질문을 던지고, 그로부터 생성된 응답을 바탕으로 다시 질문을 다듬고 사유를 확장해 나가는 과정은 바로 이 산파적 대화의 현대적 재현이라 할 수 있다.

독일의 현대 철학자 한스게오르크 가다머(Hans-Georg Gadamer)는 《진리와 방법》에서, 인간의 이해는 항상 예측 불가능한 대화와 해석을 통해 확장된다고 주장했다. 그는 이를 '수평 융합(fusion of horizons)'이라 명명하며 이질적 존재 간의 대화가 전혀 새로운 통찰을 낳을 수 있다고 보았다(Gadamer, 1960). 인간과 AI의 대화는 단순한 질의응답이 아니라, 인간의 감정 · 맥락과 AI의 데이터 기반 분석이 교차하며 예상 밖의 창의적 통찰이 도출되는 해석학적 공간이라 할 수 있다.

AI는 수많은 잠재적 응답을 빠르게 제공할 수 있다. 그러나 어떤 것이 '통찰로서 가치 있는가'를 직관적으로 판별하고 선택하는 과정은 여전히 인간의 몫이다. 이 과정은 관찰된 현상으로부터 최선의 설명을 도출하는 추론 방식과 유사하며, 이를 통해 새로운 아이디어나 가설이 발상될 수 있다(Peirce, 1992). 이 책을 통해 전통적인 아이데이션 방법론들이 어떻게 구성되었고, 그것이 AI 기술과 결합할 때 어떻게 재구성되고 확장될 수 있는지를 구체적으로 탐구하고자 한다. 이 책은 인간과 AI가 어떻게 사고를 공유하고 협업할 수 있는지를 구조화하는 안내서다.

디자인 싱킹(design thinking), 스캠퍼(SCAMPER), 여섯 모자 사고법, 브레인스토밍, 아이디어 해킹 전략, 시네틱스, 하이 콘셉트 방법 등은 각기 다른 조직과 철학에서 탄생했지만 공통적으로 창의성은 훈련 가능한 프로세스라는 믿음을 바탕으로 한다. 그리고 이러한 아이디어 발상의 프로세스에 AI를 활용하면서 창의성은 더는 '번뜩임'이나 '운'에 기대는 것이 아니라 데이터와 사고, 감정과 직관이 함께 움직이는 재현 가능한 기술이 된다.

《AI와 창의적 광고 아이데이션》은 당신이 지금 어떤 문제를 해결하기 위한 아이디어가 필요하다면 어디서 시작해야 할지, 어떤 도구와 질문을 써야 할지, 그리고 어떻게 AI를 '아이디어 파트너'로 활용할 수 있는지 안내할 것이다. 이 책이 정답이 없는 아이디어의 답을 찾기 위해 노력해야 하는 무수히 많은 광고 회사들과 창의성이 중심이 되는 산업의 아이데이션 여정을 더 풍요롭게 해 주기를 바란다. 그리고 AI와의 협업이 인간의 사고를 더 확장해 주는 시대가 되기를 진심으로 바란다.

저서의 목차 구성과 내용 설명

이 책은 아이디어가 필요한 모든 산업 중에서도 특히 광고 제작자, 영상 디자이너, 콘텐츠 크리에이터, 관련 학과 학생 등 창작 분야에 종사하거나 동종 업계에 꿈을 가진 이들에게 전통적 광고 아이디어 도출 프로세스에 대한 설명을 바탕으로 AI를 접목하면 실무에서 어떻게 활용될 수 있는지 설명한다. 특히 기존의 전통적인 광고 업계의 아이디어 프로세스들이 어떻게 발전될 수 있는지에 대한 논리적 설명과 현장에서의 활용을 돕기 위한 설명으로 구성되었다.

특히 AI를 보다 더 나은 광고 아이디어 창작 과정에 통합해 적용하고 더 혁신적이고 효율적인 아이디어 회의를 수행할 수 있도록 한다. 시대가 검증해 온 아이데이션 방법들을 소개하고 이에 AI를 융합해 아이데이션을 할 수 있도록 내용을 구성했다. 임의로 선정된 방법들도 있으나 이는 광고 실무를 오래 지속하고 있는 필자의 광고회사에서의 경험과 영상 디자인 제작 과정 전반을 경험해 본 지식을 토대로 선정해 구성했고, 독자들이 이해하기 쉽도록 AI에 아이디어 프로세스를 어떻게 적용할 것인가에 대한 큰 그림을 설명하고자 했다.

광고주의 브리프를 받아 본 순간부터 우리는 광고 아이디어의 차별화를 위해 치열한 창작의 과정을 반복할 수밖에 없다. 경쟁사를 이기고 광고주가 원하는 결과를 보여 주기 위해 창의적인 여정은 시작된다. 기획팀으로부터 정리된 팩트북과 자료를 토대로 제작팀은 소비자와 시장 상황의 인사이트를 찾으려 노력하고 각자의 경험 지식과 아이디어의 방법을 총동원해 회의실에서 모인다. 광고 회사의 회의실은 팀 구성원들의 다양한 생각들을 바탕으로 팀장이나 임원급 크리에이티브 디렉터의 선택과 조율이 이어지면서 마침내 서서히 윤곽을 드러내기 시작한다. 이후 회의가 거듭되면서 최종 아이디어와 콘셉트가 정해지기까지 수차례의 토론, 시간과 에너지가 소요된다. 이는 광고라는 형태로 마케팅 성과를 도출하기 위한 개개인의 경험과 직관이 씨줄과 날줄로 오가며 교차하는 최선의 답을 찾기 위한 여정인 것이다. 이제 AI를 팀원으로 넣으면서 우리는 더 효율적이고 정교한 회의 프로세스와 결론에 도달할 수 있을 것이다. 책에서 소개하는 대표적인 아이디어 도출 방법 이론은 업계에서도 많이 소개된 것이기도 하며 AI와 결합될 때 효과적인 것들을 선정해 연구한 결과다.

1장에서는 문제 해결을 위한 아이데이션 방법과 AI에 대해 설명했다. 2장은 아이디어 회의 때 대표적 방법인 브레인스토밍에 대해 다루었으며, 3장은 디자인 싱킹이라는 방법에 AI로 어떻게 공감을 넘은 예측이 가능한지 설명했다. 4장에서는 스캠퍼 기법과 생성형 AI가 다양한 측면에서 상상력을 이끌어 낼 수 있는지 설명했다. 5장은 여섯 모자 사고법으로 AI가 제시하는 균등하고 다양한 관점에서의 아이디어 도출 방법을, 6장에서는 브레인라이팅이라는 아이디어 작성에 따른 AI의 비선형 사고방식 실험을 통한 아이디어 회의 방법을 소개한다. 7장은 전략적 모방과 전환의 기술인 해킹 아이디어를, 8장에서는 유추와 감성의 창의적 실험으로 진행하는 AI와의 시네틱스 활용법, 9장에서는 하이 콘셉트 사고법과 AI 활용에 대해 다루었다. 끝으로 10장에서는 AI와 창의성 그리고 논리와 실행력의 통합적 진화에 대한 예측을 작성했다. 조금 더 구체적으로 각 장에 대한 설명을 하자면 다음과 같다.

1장: 문제를 정의하고 창의적으로 해결하는 다양한 아이데이션 기법이 AI와 만나 어떤 시너지를 낼 수 있을까? 이 장에서는 인간의 사고 프레임과 AI의 데이터 기반 발상이 어떻게 협업할 수 있는지를 다룬다. 정형화된 기법이 아닌, 열린 사고 틀로 AI를 활용하는 방법을 탐색한다. 실무자와 창작자 모두에게 실질적 도움이 되는 인사이트를 제공한다.

2장: 무작정 아이디어를 나열하던 시대는 지났다. 생

성형 AI는 브레인스토밍의 구조를 재정의하고, 실시간 피드백과 확장을 통해 더 깊은 창의성을 유도한다. 정체된 회의에서 벗어나 AI와 함께 더 빠르게, 더 넓게 생각하는 법을 알아본다. AI와 브레인스토밍이 어떻게 '팀플' 처럼 작동하는지 확인할 수 있다.

3장: 디자인 싱킹의 핵심인 공감(empathy)은 AI와 결합해 사용자 경험을 데이터로 분석하고 예측하는 수준까지 확장된다. 공감의 직관이 기술로 진화하는 과정을 조명한다. 디자인 싱킹의 '감성 영역'이 어떻게 AI에 의해 보완되고 확장될 수 있는지 살펴본다. 창의성과 데이터가 충돌하지 않고 협력하는 구조를 제시한다.

4장: 대체 · 결합 · 수정 등 일곱 가지 사고 프레임을 기반으로 한 스캠퍼 기법이 AI의 상상력과 만나면 어떤 결과가 나올까? 이 장은 실험적인 아이디어 생성 과정과 AI의 변형 능력을 살펴본다. AI가 틀 안에서 어떻게 틀을 부수는지, 그리고 그 과정에서 인간의 창의성이 어떻게 자극받는지를 구체적 예시와 함께 분석한다.

5장: 다각적 사고를 요구하는 여섯 색깔 모자 방식은 AI와의 협업에서 더욱 극대화된다. AI가 각 사고 역할을 어떻게 지원할 수 있는지, 그리고 인간의 통제는 어디까지 필요한지를 탐구한다. AI가 감정적 사고까지 시뮬레이션할 수 있을까? 사고 모드별로 인간과 AI가 어떻게 균형 있게 공존할 수 있는지 보여 준다.

6장: 글쓰기 기반 아이디어 발상 기법인 브레인라이팅은 AI와 함께할 때 비선형적인 사고 흐름을 만든다. 이 장은 공동 창작 과정에서의 실험성과 흐름의 전환을 보여 준다. 아이디어가 '튀고 겹치는' 창작의 속성을 AI와 어떻게 공유할 수 있는지를 살핀다. 손으로 쓰는 생각과 알고리즘이 나누는 대화의 가능성에 주목한다.

7장: AI는 기존 아이디어를 재구성하고 비틀어 새로운 가치를 만들 수 있다. 이 장은 전략적 모방, 변형, 전환을 통해 새로운 콘셉트를 창출하는 창의적 해킹 기법을 소개한다. 트렌드를 '표절'하지 않고 '전환'하는 전략, 그리고 AI가 아이디어 해커가 될 수 있는 가능성을 탐구한다. 차별화된 모방이 진짜 혁신으로 이어지는 경로를 제시한다.

8장: 유추와 감성 중심의 사고 기법인 시네틱스는 AI의 메타포 생성 능력과 결합되며 더욱 다채로운 연결을 가능케 한다. 감성과 데이터가 조화를 이루는 창의적 전환이 이뤄진다. 의외의 연결이 창의성의 원천이 되듯, AI는 '익숙한 것을 낯설게' 다시 보여 준다. 감성적 상상력과 알고리즘적 추론이 만나는 지점을 조명한다.

9장: 복잡한 현상을 하나의 강력한 콘셉트로 묶는 하이 콘셉트 사고는 AI의 정보 조직 능력과 함께 폭발적인 설득력을 가진다. 이 장에서는 스토리와 감성을 통합하는 사고 구조를 다룬다. AI는 데이터를 넘어서 메시지를 만들 수 있을까? 하이 콘셉트 전략이 마케팅, 콘텐츠, 정책 아이디어까지 확장되는 모습을 확인할 수 있다.

10장: 창의성, 논리성, 실행력은 이제 더는 분리되지 않는다. AI는 이 세 가지 요소를 연결하며, 창작을 기획에서 실행까지 완결하는 통합적 진화를 가능케 한다. AI가 '생각하는 도구'를 넘어 '실행하는 파트너'로 작동함을 강조하고 미래형 크리에이티브 워크 플로를 재정의한다.

AI는 지금도 학습하며 발전하고 있다. 앞으로 모든 분야에서 AI와 접목된 성장과 발전은 인류사에 없던 발전을 가져다줄 것이다. 그렇다면 인간의 사고가 확장되는 창의적 사고의 대표적인 방법들인 아이데이션 방법 이론들과 AI가 접목된다면 시너지를 낼 수 있을 것이라 생각했다. 그리고 이 책의 내용이 창의적인 고민에 빠져 밤낮없이 일하는 광고인들에게 큰 도움을 줄 수 있지 않을까 하는 마음에 책을 쓰게 되었다. 또한 예비 광고인들과 창의성이 필요한 실무자와 창의적 산업 전반에 유용한 도움이 되길 바라는 마음으로 부족하나마 작성된 내용을 나눈다. 부디 독자 여러분의 창작 과정에서 오는 고통은 줄어들고 창작의 결실이 주는 만족스러운 성취감은 더욱 많아지길 기도한다.

참고문헌

Gadamer, H-G.(1960). *Truth and method.* Continuum. 이길우 외 옮김(2012). 《진리와 방법》. 문학동네.

Paul, R., & Elder, L.(2006). *The thinker's guide to the art of socratic questioning.* Foundation for Critical Thinking.

Peirce, C. S.(1992). *The essential Peirce,* volume 2: Selected philosophical writings (1893-1913). Indiana University Press.

Plato(1997). Theaetetus. In J. M. Cooper (Ed.), *Plato: Complete works* (pp.150b~151d). Hackett Publishing.

01
문제 해결을 위한 아이데이션 방법과 AI

'좋은 아이디어란 무엇인가?'라는 질문은 인류가 문제를 해결하려 할 때마다 반복적으로 떠오르는 물음이다. 수천 년 전 고대 철학자들도, 오늘날 세계적인 광고 회사나 스타트업 창업자들도 이 질문 앞에서는 겸허해진다. 우리는 종종 창의성이라는 능력을 타고난 재능이나 신비로운 직관으로 오해한다. 정해진 답이 없는 광고 아이디어를 찾기 위해 최선을 고민했던 광고인들은 이를 구조화해 최적의 효율성을 추구해 왔다.

AI와 1인 창업?

창의적 아이디어란 무엇인가

세상은 마치 창의적인 사람은 따로 태어나는 것처럼, 혹은 '천재'만이 비약적인 아이디어를 떠올릴 수 있는 것처럼 인식한다. 그러나 20세기 중반부터 이어진 창의성 연구와 산업 현장의 실천들은 이러한 오해에 반기를 들어 왔다. 미국의 심리학자 엘리스 폴 토런스(Ellis Paul Torrance)는 1960년대부터 창의력은 테스트되고 훈련될 수 있다는 주장을 펼쳤고, 실제로 창의력 계발 프로그램 TTCT(Torrance Tests of Creative Thinking)를 개발해 교육에 도입했다(Torrance, 1974). 창의성은 더는 타고나는 게 아니라 열린 사고와 문제 해결 능력과 도전 정신이 중요하므로 반복 가능한 '기술'이자 '훈련 가능한 것'으로 인식되기 시작했다.

이러한 인식 변화는 특히 광고, 마케팅, 상품 기획, 콘텐츠 제작 등 문제 해결 중심의 창조 산업 영역에서 더욱 빠르게 실천되었다. 앨릭스 오스본(Alex F. Osborn)은 1940년대 초 미국의 대표 광고 회사 BBDO의 크리에이티브 디렉터로 활동하면서 '브레인스토밍'이라는 집단 아이디어 생산법을 공식화했다. 그는 단순히 자유롭게 떠오르는 아이디어가 아니라 팀 내에서 비판 없이 아이디어를 발산하고 그 아이디어를 조합하고 확장해 개선하는 방식으로 창의적 사고를 촉진할 수 있다고 보았다(Osborn, 1953). 이 방식은 기업 현장에서 광범위하게 사용되었고, 이후 다양한 기업과 교육 기관에서 정형화되어 사용되며 하나의 산업 표준이 되었다.

비슷한 시기에 세계 최대의 광고 네트워크 중 하나였던 JWT(J. Walter Thompson)는 창의적 전략 수립을 보다 체계화하기 위해 아이데이션을 정보 수집 → 분석 → 통찰(insight) 도출 → 전략화 → 실행 아이디어 도출이라는 5단계로 분해하고 각 단계에 맞는 질문 템플릿과 분석 도구를 개발했다. JWT의 방식은 전략 플래너(planner)라는 직무를 세계 최초로 도입하면서 크리에이티브가 직관에만 의존하지 않도록 사고의 '도식화'를 시도한 것이다. 이는 광고 산업 전반에 영향을 미쳐 이후 대부분의 대행사가 전략과 창의의 융합을 전제로 한 아이데이션 체계를 구축하게 되는 계기를 마련했다.

광고 외에도 디자인과 경영 분야에서의 아이데이션 방법론은 창의적 문제 해결 기술로 더욱 발전했다. 아이데오(IDEO)의 '디자인 싱킹(design thinking)'은 특히 사용자 경험에 집중하면서 공감(empathy)을 시작점으로 문제를 재정의하고, 해결안을 빠르게 구조화해 반복적으로 테스트하는 과정을 통해 실천 중심의 창의성 모델을 만들었다(Brown, 2009). 사치앤사치(Saatchi & Saatchi)는 브랜드가 감정적 유대를 통해 소비자와 '사랑'의 관계를 맺어야 한다는 전제로 '러브마크(lovemarks)' 이론을 발전시켰고, 이는 기존의 기능적 브랜드 가치에서 감성 기반의 아이디어 전략으로 전환하는 데 영향을 미쳤다. TBWA는 '디스럽션(disruption)'이라는 용어로 기존 산업 질서를 해체하고 새로운 규칙을 설계하는 전략 기법을 도입해 기존의 룰을 따르지 않는 방식 자체를 창의성의 원천으로 설정했다.

이처럼 아이데이션은 단순한 브레인스토밍이나 즉흥적인 발상 기술이 아니다. 그것은 정보를 어떻게 바라보고 해석할 것인가, 문제를 어떻게 정의하고 구성할 것인가, 그리고 가능한 해법을 어떻게 언어와 전략으로 구조화할 것인가를 체계적으로 설계하는 창의적 문제 해결의 사고 시스템이다. 이제 우리는 아이디어를 단순한 번뜩임이나 감성적 느낌으로 보지 않는다. 대신 그것을 질문으로부터 출발해 논리와 직관이 만나는 지점에서 도출되는 결과물로 이해한다. 그리고 이러한 과정을 재현 가능한 모델로 전환한 도구들이 바로 지금까지의 아이데이션 기법들이다. 다만 이러한 방식들도 인간의 사고 한계와 편향, 시간적 제약 속에서 언제나 완벽하지는 않았다. 그 한계를 뛰어넘는 새로운 도구로서 AI가 주목받기 시작한 것도 이 같은 실천적 배경에서 비롯된 것이다.

AI의 등장으로 창의성을 다시 재정의하다

아이디어를 만드는 기술이 인간 중심의 절차로 정교해지던 중 2020년대를 기점으로 창의성의 정의 자체를 근본적으로 흔드는 기술이 등장했다. 바로 생성형 인공지능(Generative AI)이다. 2022년 오픈에이아이(OpenAI)의 챗지피티(ChatGPT)는 공개된 지 불과 2개월 만에 사용자 수 1억 명을 돌파하며 전 세계에 충격을 주었고, 그 뒤를 이어 미드저니(Midjourney), 달리(DALL · E), 스테이블 디퓨전(Stable Diffusion), 수노(Suno) 등 다양한 멀티모달 생성형 모델들이 등장하면서 텍스트, 이미지, 음성, 영상 등 인간의 창작 전 영역을 AI가 시뮬레이션할 수 있는 시대가 열렸다. 이는 단순한 기술 혁신을 넘어, 인간 고유의 영역으로 여겨졌던 '창의성'의 정의 자체를 재고하게 만들었다. 창의성이 인간 고유의 특권이 아니게 되었을지도 모른다는 두려움, 혹은 가능성의 문이 동시에 열리게 된 것이다.

그러나 생성형 AI의 본질은 인간을 대체하려는 것이 아니라 인간 두뇌의 확장이다. 자동차가 인간의 다리를 확장해 이동 수단의 혁신을 이끌어 낸 것과 같은 이치다. AI는 인간의 창의 과정을 확장하고 보완하는 협업 파트너로 활용할 때 더욱 유용하다. 특히 챗지피티와 같은 대규모 언어 모델은 인간의 질문에 단순하게 '응답'하는 것이 아니라 문제의 맥락을 이해하고 다양한 가능성의 조합을 탐색해 제시하는 방식으로 사고를 확장한다. 예컨대 "기후 위기를 주제로 한 MZ세대 대상 광고 캠페인 아이디어를 줘"라는 질문에 AI는 메시지 방향, 캠페인 슬로건, 소셜 미디어 활용법, 감성적 언어 전략, 사용자 참여 방식 등 여러 층위의 응답을 제공한다. 이처럼 AI는 사고의 폭을 넓히고 연결의 조합을 극대화하는 기능을 통해 아이데이션의 초기 탐색 단계를 비약적으로 증진한다.

이와 같은 작동 방식은 철학적으로도 중요한 함의를 지닌다. 고대 철학자 소크라테스가 대화를 통해 진리를 끌어내는 방식을 '산파술(maieutics)'이라 불렀듯, 생성형 AI는 질문을 바탕으로 다양한 가능성을 끌어올리는 디지털 산파와 같다. 현대의 AI도 '정답'을 제시하는 게 아니라 우리가 미처 생각하지 못했던 관점, 조합, 사고 흐름을 제안함으로써 스스로 더 깊이 있는 질문을 하게끔 만든다. 이 과정은 인간이 사고를 확장하고 '사유의 가능성'을 늘려 나가는 방식이라는 점에서 산파술과 정확히 겹친다.

인간은 주관적 감정과 문화적 맥락에 기반한 해석 주체이고, AI는 데이터 기반의 예측 알고리즘이다. 이 둘이 대화하며 창의적으로 충돌할 때 과거에 없던 창의적 조합과 의미가 생성된다. 인간이 갖지 못한 관점과 예측 능력을 AI가 제공하고 인간은 그것을 맥락에 맞게 해석하고 판단하며 창조적 파트너가 된다.

찰스 샌더스 퍼스(Charles Sanders Peirce)의 '어브덕션(abduction)' 개념도 이 맥락에서 중요한 철학적 설명력을 제공한다. 어브덕션은 기존의 연역이나 귀납과 달리, 주어진 현상에 대해 가장 '그럴듯한 가설'을 도출하는 창의적 추론 방식이다(Peirce, 1992). AI는 인간보다 빠르게 수많은 대안을 제시할 수 있다. 하지만 어떤 대안이 과연 적합한지 문제의 맥락과 가치에 대한 판단은 인간의 몫이다. 사용자가 AI의 응답 중 하나를 직관적으로 선택하고 그것을 자신의 맥락에 맞게 확장해 새로운 스토리나 콘셉트로 발전시킬 때 우리는 어브덕션적 사고가 작동하는 창의적 구조를 확인할 수 있다. AI는 대안의 폭을 넓히는 기능을 수행하고 인간은 그것들 중 의미 있는 것을 선택해 새로운 가능성을 판단하고 현실화한다.

이처럼 AI는 인간의 사고 구조를 모방하는 수준을 넘어 사고의 조건 자체를 재설계하는 창의적 보완자로 자리매김하고 있다. 인간의 두뇌가 수십 개의 아이디어를 고안하는 데 몇 시간이 걸리는 반면, AI는 수백 개의 조합을 1초 내외에 만들어 낸다. 이 속도는 단순한 '양의 증가'가 아니라 인간의 인지 구조를 벗어난 비정형 사고와 상식의 경계 바깥에서의 상상력을 가능하게 만든다. 인간은 이 조합에서 실현 가능성과 맥락의 적합성을 가늠하며 자신만의 시나리오를 구성할 수 있는 것이다. 이렇게 AI는 단순한 도우미를 넘어 상상의 확장기로서 작동할 수 있다.

진화하는 창의성, 인간과 AI의 협업

AI는 인간의 창의성을 위협하는 존재가 아니라, 그것을 가속하고 확장하는 촉매제로 기능할 수 있다. 인간과 AI의 협업은 단순히 역할 분담의 문제로 귀결되지 않는다. 더 나아가 창의성이라는 행위 자체가 새로운 형태로 진화하고 있음을 의미한다. 인간은 감정과 맥락, 가치를 중심으로 사고하며, AI는 데이터 기반의 통계적 예측과 패턴 인식으로 작동한다. 이 이질적인 두 존재가 협력해 기존에 인간이 홀로 도달할 수 없는 사고의 깊이와 넓이를 구현할 수 있다. 우리는 이 현상을 인간과 AI의 '공진화(co-evolution)'라는 개념으로 설명할 수 있다. 인간과 AI가 서로의 기능과 사고 구조에 영향을 주며 동반으로 진화하는 것이다.

창의성의 공진화는 실제 업무 환경에서 빠르게 실현되고 있다. 예를 들어, 글로벌 컨설팅 기업 매킨지앤드컴퍼니(McKinsey & Company)는 프로젝트 기획 단계에서 AI를 활용해 수천 건의 유사 사례와 시장 트렌드를 분석하고 이를 토대로 첫 번째 방향성을 빠르게 스케치한다(McKinsey & Company, 2025). 이후 인간 컨설턴트가 이 결과를 검토하고 클라이언트 맥락에 맞는 설루션으로 커스터마이징하는 작업을 수행한다. 이처럼 AI는 1차 아이디어의 발산과 범위 탐색에서 강점을 보이며, 인간은 그 결과를 심화 · 정제 · 맥락화하는 역할을 맡는다. 이 조합은 아이데이션의 효율성을 극대화할 뿐 아니라, 새로운 영역의 통찰을 만들어 낸다. 앞으로는 소비자 데이터와 트렌드를 AI가 분석하고, 그것을 기반으로 신제품 콘셉트나 슬로건을 생성해 크리에이티브 팀에 전달하는 프로세스를 도입할 수 있다. 인간은 그 초안을 토대로 브랜드의 정체성과 감성에 맞는 메시지로 재해석함으로써 AI와 감성의 융합 작업을 수행할 수 있는 것이다.

이러한 창의적 협업은 교육 분야에서도 실험되고 있다. 이미 대학교 수업에서 AI와 인간이 공동으로 아이디어를 생성하고 그것을 비평하고 다듬는 수업을 운영하고 있다. 학생들은 챗지피티를 통해 스토리 아이디어를 도출하거나 미드저니로 시각 자료를 만들어 낸 후 그것이 얼마나 설득력 있는지, 인간의 감성에 어떤 영향을 주는지를 평가한다. 이 과정을 통해 학생들은 '창의성은 인간만의 것이 아니다'는 인식에서 출발해 AI와 협업 가능하다는 새로운 개념을 학습하고 있다. 과거에는 개인의 직관과 재능에 의존했던 아이디어 발상 과정이 이제는 팀과 알고리즘, 그리고 사회적 반응까지 포함하는 확장된 창의성 생태계로 변화하고 있는 것이다.

여러 사례에서 살펴볼 수 있듯이 AI의 창의성이 무조건적 도약만을 의미하지는 않는다. AI가 생성한 아이디어는 문맥에 대한 민감도, 가치 판단, 정서적 설득력 면에서 여전히 인간의 역할이 필요하기 때문이다. 때로 AI가 제시한 슬로건 중 일부는 감정적으로 무감각하거나 문화적으로 부적절한 경우가 있다. 따라서 인간은 AI의 결과를 감정적 · 문화적 필터를 통해 선별하고 교정하는 역할을 지속해야 한다. 상호 보완의 개념이 바로 공진화의 핵심이다. AI는 인간의 사고 속도와 범위를 증폭하며 인간은 가장 인간적인 방향에서 공감, 맥락, 윤리 등을 반영함으로써 최종 결과물을 완성한다. 이러한 과정을 통해 아이데이션은 AI와 함께 설계하는 창의적 프로세스로 재정의될 수 있다.

이 책은 그 흐름을 따라간다. 각 장에서는 전통적 아이데이션 방법들이 어떤 철학과 구조를 갖고 있었는지를 분석하고, 그 위에 AI의 기능이 어떻게 결합될 수 있는지를 구체적으로 보여 준다. 예컨대 BBDO의 브레인스토밍이 챗지피티와 결합되면 어떤 아이디어 확장 기법이 가능한지, 디자인 싱킹의 사용자 인터뷰가 AI 시뮬레이션으로 어떻게 대체되거나 보완될 수 있는지, JWT의 전략적 플래닝이 AI 데이터 분석과 어떻게 융합될 수 있는지 등을 살펴볼 것이다. 독자는 이를 통해, 전통적 방법론과 AI 기술이 결코 충돌하는 게 아니라 인간의 사고가 확장되고 강화하는 구조로 융합된다는 것을 확인하게 될 것이다.

AI는 인간의 질문을 통해 사고를 확장해 나간다. 이 과정에서 AI는 우리가 생각해 보지 못했던 질문을 다시 제기하게 만들며 사고의 경계를 넘게 만든다. 인간은 그 질문과 결과 속에서 새로운 가능성을 보고 의미를 부여하며 더 나은 아이디어를 창조할 수 있다.

참고문헌

Brown, T.(2009). *Change by design: How design thinking transforms organizations and inspires innovation.* Harper Business.

Osborn, A. F.(1953). *Applied imagination: Principles and procedures of creative problem solving.* Charles Scribner's Sons.

McKinsey & Company(2025). How AI is transforming strategy development. Retrieved from https://www.mckinsey.com/capabilities/strategy-and-corporate-finance/our-insights/how-ai-is-transforming-strategy-development

Peirce, C. S.(1992). *The essential Peirce, volume 2: Selected philosophical writings (1893-1913).* Indiana University Press.

Plato(1997). Theaetetus. In J. M. Cooper (Ed.), *Plato: Complete works* (pp.150b~151d). Hackett Publishing.

Torrance, E. P.(1974). Torrance tests of creative thinking: Norms-technical manual. Scholastic Testing Service.

02
AI 시대, 브레인스토밍은 어떻게 발전될까?

가장 상업적이면서 아이디어를 기반으로 하는 것은 바로 광고였다. 광고 산업이 발달하면서 다양한 광고 회사들은 각자의 방식을 만들며 경쟁을 이어 갔다. 클라이언트의 마음을 사로잡는 전략, 콘셉트, 아이디어로 승부하는 광고 회사들의 경쟁력은 무엇이었을까. 그리고 이 아이디어 발상법은 AI 시대에도 과연 유효할까. 가장 대표적인 기존의 아이디어 발상법인 브레인스토밍을 분석하고 그 안에 AI를 융합시켜 더 나은 아이디어 방법론을 만드는 것으로 대안을 제시하고자 한다.

AI와 MBTI?

가장 대중적인 아이디어 발상법, 브레인 스토밍

브레인스토밍(brainstorming)은 현대 아이데이션의 출발점이라고 해도 과언이 아니다. 이 기법은 단순히 회의에서 아이디어를 주고받는 방식을 넘어서, 집단 창의성의 가능성과 한계를 동시에 내포한 창의적 커뮤니케이션의 고전적 원형으로 자리 잡았다. 브레인스토밍이라는 용어 자체는 1940년대 미국의 광고 회사 BBDO의 공동 창립자인 앨릭스 오스본이 처음 제안했다. 그는 1939년경 BBDO의 광고 캠페인 회의에서 개인이 단독으로 아이디어를 내는 방식보다 집단 토론을 통해 훨씬 더 다채롭고 기발한 아이디어가 도출된다는 사실을 반복적으로 경험했다. 이 경험을 바탕으로 오스본은 창의성의 구조를 보다 정교하게 체계화하기 시작했고, 그 결과물이 바로 1953년 출간된 그의 저서 《Applied imagination(응용 상상력)》이다(Osborn, 1953).

오스본은 이 책에서 브레인스토밍을 "두 개 이상의 머리가 하나보다 낫다"는 전제 아래, 비판을 유보하고 아이디어를 최대한 자유롭게 제시하며, 양적 다양성이 질적 우수성으로 이어진다는 다음과 같은 네 가지 원칙을 제시했다. 1) 판단 유예(비판 금지), 2) 자유로운 연상, 3) 아이디어의 양적 추구, 4) 아이디어의 결합 및 개선이 바로 그것이다. 이 간단한 규칙들은 이후 수십 년간 수많은 기업과 대학에서 창의력 개발의 기초 교육으로 자리 잡았으며, 광고 회사에서 시작된 이 아이디어 발산 기법은 곧 산업 디자인, 정책 개발, 기술 혁신 등 다양한 분야로 확산되었다.

브레인스토밍의 강점은 명확하다. 정답이 정해지지 않은 상황에서 다수의 관점이 모이면 전혀 예상치 못한 해결책이나 영감을 도출할 수 있다는 것이다. 이 방법은 특히 창의적 발상이 요구되는 광고 산업에서 빠르게 확산되었고 실제로 1960년대 이후 JWT, 사치앤사치, DDB 등 글로벌 에이전시들은 자사 크리에이티브 회의에서 브레인스토밍을 핵심 도구로 정착시켰다.

하지만 브레인스토밍은 시간과 공간, 심리적 요인 등 현실적인 제약을 내포하고 있다. 1958년 마이클 디엘(Michael Diehl)과 볼프강 스트로브(Wolfgang Stroebe)의 고전적 실험에서는, 실제로 집단 브레인스토밍보다 개인이 따로 아이디어를 생성할 때 아이디어 수와 질이 더 높은 경우가 많다는 역설적인 결과가 나타났다(Diehl & Stroebe, 1987). 이는 '생산 차단(production blocking)'이라 불리는 현상으로, 다수가 동시에 말하려 할 때 사고 흐름이 중단되거나 한 명의 의견이 토론을 지배해 창의적 다양성이 사라지는 문제를 뜻한다. 또한 '사회적 태만(social loafing)'은 집단에서 개인의 기여도가 낮아질 수 있음을 보여 준다. 즉, 브레인스토밍의 장점은 그 실행 방식에 따라 얼마든지 퇴색될 수 있는 문제를 내포할 수도 있는 것이다.

그럼에도 브레인스토밍은 20세기 후반부터 21세기 초까지도 여전히 아이디어 회의의 기본으로 작동했다. 구글(Google)은 초기 개발 조직에서부터 회의의 초반 15분 동안은 어떤 아이디어든 무조건 말하라는 문화를 만들었고 이를 'Yes, and…' 방식으로 확장해 팀원 간의 아이디어 확장을 유도했다(Lafargue, 2016). 이는 의도된 자유도(structured divergence)를 구현하는 전략이었으며, 팀원 간 신뢰를 기반으로 한 협력 문화가 브레인스토밍을 단순한 기법이 아닌 집단 창의성 훈련 도구로 정착시키는 데 기여했다.

브레인스토밍은 교육 기관에서도 창의 교육의 핵심으로 작용해 왔다. 하버드 교육대학원(HGSE)에서는 2000년대 초부터 '비저블 싱킹(Visible Thinking)' 프로그램 내에 브레인스토밍을 도입해 교사와 학생이 비판 없이 아이디어를 시각화하고 연결하는 활동을 강조했다(Project Zero, n.d.). 브레인스토밍은 단지 아이디어를 모으는 기술을 넘어서 인간의 창의성을 조직화하고 훈련할 수 있는 가장 보편적인 구조로 기능해 온 셈이다.

브레인 스토밍의 한계와 구조적 연구

브레인스토밍이 전 세계에 널리 퍼지고 수십 년간 표준 아이디에이션 기법으로 자리매김할 수 있었던 이유는 그 단순성과 반복 가능성에 있다. 그러나 이 '고전적인' 구조는 디지털 협업과 글로벌 네트워크 시대를 맞이하면서 명확한 한계를 드러내기 시작했다. 특히 시간과 공간의 제약, 참여의 불균형, 문화적 위계는 브레인스토밍을 창의성 촉진 도구가 아니라 오히려 억제 도구로 작동하게 할 수도 있다는 점에서 문제로 지적되고 있다.

첫째, 브레인스토밍은 '동시성(synchronicity)'에 기반한다. 같은 시간 같은 공간에 사람들이 모여 실시간으로 서로의 의견을 들으며 반응해야 한다는 전제가 존재한다. 이는 오프라인 회의 문화에 익숙한 20세기 중반에는 효과적이었지만, 글로벌 원격 협업 환경에서는 큰 제약이 된다. 다국적 기업, 크로스보더 프로젝트, 재택근무팀에서는 물리적으로 구성원 전원이 동시에 참여하기 어렵고 시차 문제는 회의 품질을 떨어뜨리게 된다. 게다가 비대면 상황에서는 실시간 상호 작용이 제한되기 때문에 기존의 브레인스토밍 규칙들이 효과적으로 적용되기 어렵다.

둘째, 참여자 간 발언의 불균형과 사회적 심리 요인은 브레인스토밍의 본질적 취지를 훼손한다. '생산 차단'은 한 사람이 발언하는 동안 다른 사람의 사고 흐름이 중단되거나, 기다리는 동안 떠오른 아이디어를 잊어버리는 현상을 말한다. 또한 '평가 불안'(evaluation apprehension)은 집단 내 위계가 강하거나 심리적으로 안전하지 않은 팀에서 더욱 심화된다. 실제로 회의에서 상급자나 중심 인물이 발언한 뒤에는 이견이 사라지고, 구성원들이 자기 검열을 하거나 침묵하게 되는 경우가 많다. 이는 오스본이 강조했던 "비판 없이 자유롭게 아이디어를 제시하라"는 원칙과는 정반대의 결과다. 특히 한국을 비롯한 동아시아 문화권에서는 조화와 질서를 중시하는 성향이 강해 브레인스토밍에서의 참여가 형식적이 되기 쉽고, 창의적 충돌은 잘 유도되지 않는다.

셋째, 브레인스토밍은 결과의 축적과 재활용이 어려운 구조다. 회의 후 기록을 남기지 않거나 아이디어를 효과적으로 분류 · 정리하지 않으면 수많은 발언은 흐지부지되고, 다음 회의에 반영되지 않는다. 종종 광고 회사의 회의실에서 "지난번에도 이 아이디어 나왔었잖아" 같은 말이 나오는 것도 그 때문이다. 결국 브레인스토밍은 그 순간만 반짝하고 사라지는 일회성 활동이 되기 쉽다. 지속 가능한 창의 생태계를 위해서는 반복 가능성과 기록 기반의 설계가 필요하다.

이러한 문제의식을 바탕으로, 오늘날 많은 조직은 브레인스토밍을 보다 전략적이고 디지털 친화적인 방식으로 재활용하고 있다. 첫 번째 시도는 '디지털 협업 플랫폼'의 도입이다. 대표적으로 미로(Miro), 뮤랄(MURAL), 스톰보드(Stormboard)는 멀티유저 인터페이스와 실시간 보드 기능, 시각적 정리 도구 등을 통해 참여자들이 자유롭게 포스트잇을 붙이고 의견을 시각화하며 기록을 남길 수 있도록 한다. 아이비엠(IBM), 피엔지(P&G), 세일즈포스(Salesforce)와 같은 글로벌 기업들은 이들 플랫폼을 활용해 전 세계 구성원이 시공간을 초월해 협업하는 '비동기식(asynchronous) 브레인스토밍'을 운영 중이다. 이 방식은 참여의 민주성을 보장하고, 회의 내용을 기록으로 남기며, 참여자별 기여도를 데이터화할 수 있는 장점이 있다(Zapier, 2024).

두 번째는 '사일런트(silent) 브레인스토밍' 또는 '브레인 라이팅(brain writing)'이다. 이 기법은 말이 아니라 글로 아이디어를 먼저 제시하게 해, 발언에 따른 사회적 압

박과 편향을 줄인다. 예컨대 독일의 심리학자 베른트 로르바흐(Bernd Rohrbach)는 1968년 '6-3-5 기법'을 고안했다. 여섯 명이 각각 세 개의 아이디어를 적고, 그것을 다섯 번 옆 사람에게 전달해 계속 발전시키는 구조로, 총 108개의 아이디어가 생성된다(Wikipedia, n.d.). 이 방식은 특히 수직적 문화나 내향적인 팀원들에게 유리하며, AI 기반 인터페이스와 결합하기에도 적합하다. 이는 후반부 6장에서 상세히 소개할 예정이다.

세 번째는 '하이브리드 브레인스토밍'이다. 이는 초기에는 개별 아이디어 수집으로 시작하고 이후 소그룹 논의와 전체 회의를 거쳐 확정하는 방식으로 발산-수렴-통합의 3단계 구조를 갖춘다. 실제로 IDEO와 스탠퍼드 디스쿨(d.school)은 디자인 싱킹 프로젝트에서 이러한 하이브리드 모델을 널리 활용하고 있으며 구글의 '디자인 스프린트(Design Sprint)' 또한 이 방식을 차용하고 있다(Emgerge Creatives, 2025). 중요한 점은 단순히 말을 많이 하게 하는 것이 아니라 아이디어가 생성되는 구조 자체를 설계함으로써 아이디어의 질과 지속성을 높이는 방향으로 진화하고 있다는 점이다.

결국 오늘날의 브레인스토밍은 단일 기법이 아닌 복수 전략의 조합, 기술 기반 협업의 설계 문제로 이동하고 있다. 그 변화의 다음 단계에서 바로 AI가 새로운 도구로 등장하게 된다.

브레인 스토밍에 AI를 더한 아이디에이션

AI를 브레인스토밍 구조에 도입하면 우리는 단지 기존 아이디어 발상법의 업그레이드를 넘어 더 혁신적이고 효율적인 아이디어 생성이라는 새로운 시너지를 낼 수 있다. 전통적인 브레인스토밍이 인간 간의 상호 작용과 발산적 사고에 기반했다면, AI는 거대한 데이터 기반의 패턴 인식 능력을 바탕으로 '질문에 대한 다층적 응답의 구조'를 만들어 낸다. 이로 인해 AI는 단순히 '아이디어를 제시하는 조력자'를 넘어서 공동 창작자(co-creator)로 인정할 만하다.

AI는 아이디어 생성의 속도와 양에서 인간을 능가한다. 챗지피티, 클로드(Claude), 제미나이(Gemini)와 같은 최신 대규모 언어 모델(large language model, LLM)은 사용자의 입력 값을 기반으로 수십 개의 텍스트 조합을 몇 초 만에 제시할 수 있다. 예를 들어 'MZ세대 대상 ESG 캠페인 아이디어'를 요청하면 AI는 친환경 챌린지, 쇼트폼 영상, 밈 기반 콘텐츠, NFT를 연계한 보상 모델 등 다양한 포맷을 즉시 생성해 낸다. 이는 초기 브레인스토밍 세션에서 자극제로 활용될 수 있으며 팀원들이 특정한 주제에 국한되지 않고 다양한 가능성을 탐색하는 데 유용하다.

AI는 브레인스토밍의 '집단적 편향'을 줄이는 데 기여한다. 오프라인 회의에서는 종종 상급자의 언어 스타일, 직급, 문화적 권위가 팀 전체의 아이디어 흐름을 좌우한다. 그러나 AI는 인간의 감정이나 위계를 인식하지 않고 오직 명령어(prompt)에만 반응한다. 이러한 구조는 상급자로부터 심리적 안전지대(psychological safety)를 만들지 못한 팀에게 '제3의 객관적 시선'을 제공하는 역할을 하며 팀원들은 AI가 생성한 아이디어에 대해 보다 자유롭게 비판하거나 발전시킬 수 있다. 이 과정에서 인간은 AI의 응답을 평가하고 교차 검증하는 메타인지 능력을 훈련하게 된다.

또한 AI는 브레인스토밍의 기록성과 재활용성을 혁신한다. 전통적인 회의는 화이트보드나 메모 수준에서 기록되었고, 자주 누락되거나 재사용되지 않았다. 반면, AI는 생성한 아이디어를 문서화하고 주제별로 정리하며 이전 대화 내용과 연결된 지식 맥락(contextual thread)을 유지할 수 있다. 예를 들어 노션 에이아이(Notion AI), 파이어플라이즈 에이아이(Fireflies AI) 등은 회의 내용을 요약하고 쿼리별로 재조합할 수 있는 기능을 갖추고 있으며, 이는 단순 회의 지원을 넘어 '아이디어 자산의 축적 시스템'으로 작동할 수 있다(Kudesia, 2024).

AI는 인간의 인지 편향을 자극하기보다는 역으로 의식적 탈피를 유도할 수 있다. 예컨대 인간이 너무 익숙한 해결책만 제시할 때 AI는 패턴을 벗어난 '장례식장에서 열리는 패션쇼' 같은 파격적인 아이디어를 제시함으로써 팀의 상상력을 자극한다. 물론 이러한 '충격적' 발상은 바로 채택되기보다는 팀 내 비판적 사고를 유도하는 '생각의 스파크'로 기능한다. 실제로 광고 대행사 TBWA₩Chiat₩Day는 AI가 제시한 30개의 자동차 광고 콘셉트 중 다섯 가지를 팀 미팅에서 활용했고 이 중 하나가 실제로 광고 수주에 연결된 바 있다(Karthik, 2018).

AI는 브레인스토밍의 민주화를 촉진한다. 누구나 AI 툴에 접근할 수 있고 언어 능력이나 직급에 관계없이 발언할 수 있기 때문에 특히 팀 내 내향적인 구성원, 비정규 인력, 혹은 외부 파트너도 동일한 출발선에서 창의적 기여를 할 수 있다. 이는 결국 브레인스토밍의 이상적 철학은 AI를 만나 "모두의 아이디어는 평등하게 시작한다"는 정신을 기술적으로 실현하게 된다. AI와 인간이 함께 만드는 아이디어는 향후 디자인 싱킹, 크리에이티브 전략, 제품 개발, 문제 해결 등 모든 창의적 과정의 본질적 구조를 재정의하게 될 것이라 예상한다.

참고문헌

Diehl, M., & Stroebe, W.(1987). Productivity loss in brainstorming groups: Towards the solution of a riddle. *Journal of Personality and Social Psychology, 53*(3), pp.497~509.

Emerge Creatives(2025.5.30). Design sprint vs design thinking: When to use each framework for maximum impact https://www.emerge-creatives.com/post/design-sprint-vs-design-thinking-when-to-use-each-framework-for-maximum-impact

Harvard Project Zero. Visible thinking framework.

Karthik, S.(2018.11.28). Intel's AI campaign is a smart, contextual puzzle you can enjoy solving. beastoftraal.com. https://beastoftraal.com/2018/11/28/intels-ai-campaign-is-a-smart-contextual-puzzle-you-can-enjoy-solving/

Kudesia, A.(2024.4.4). How to write a meeting recap. Fireflies.ai. https://fireflies.ai/blog/how-to-write-a-meeting-recap

Lafargue, V.(2016.6.20). How to brainstorm like a Googler. Fast Company.

Osborn, A. F.(1953). *Applied imagination: Principles and procedures of creative problem solving*. Charles Scribner's Sons.

Wikipedia. 6-3-5 Brainwriting.

Zapier(2024). The 4 Best Online whiteboards for collaboration.

03
디자인 싱킹과 AI, 공감을 넘은 진화

'디자인 싱킹'은 초기에 산업 디자인과 제품 개발에 활용되었지만 점차 기업의 조직 문화 혁신, 사회 문제 해결, 서비스 디자인 등으로 확장되며 다양한 분야에서 전 세계적으로 가장 많이 채택되는 문제 해결 방법론이 되었다. 소비자를 인간적인 공감으로부터 이해하며 이를 해결하기 위한 여정으로 활용되는 문제 해결 방법은 여전히 유효함과 동시에 AI를 접목함으로 인해 아이디어 도출과 시제품 제작, 테스트에 이르는 구체적인 방법을 찾아 줄 것이다.

AI와 난임 극복?

사용자 중심의 창의성, 디자인 싱킹

'디자인 싱킹'은 단순한 창의적 문제 해결 기법이 아니라 사용자의 경험, 맥락, 감정을 중심으로 사고하는 혁신적 사고 프레임이다. 이 용어는 1960~1970년대 미국 스탠퍼드대학교 교수였던 로버트 매킴(Robert McKim)과 이후 IDEO의 공동 창립자인 데이비드 켈리(David Kelley)에 의해 체계화되었으며, '공감'이라는 개념을 기저에 둔 인간 중심 설계 방법으로 발전해 왔다(Brown, 2009). 초기에는 산업 디자인과 제품 개발에 활용되었지만 점차 기업의 조직 문화 혁신, 사회 문제 해결, 서비스 디자인 등으로 확장되며 전 세계적으로 가장 많이 채택되는 문제 해결 방법론이 되었다. 디자인 싱킹은 일반적으로 다섯 단계의 구조로 설명된다.

공감(empathize) - 문제 정의(define) - 아이디어 도출(ideate) - 시제품 제작(prototype) - 테스트(test)

이 과정들은 선형(linear)이 아니라 순환(circular)하며 단계마다 사용자의 반응을 관찰하고 피드백을 반영함으로써 반복적으로 문제를 재정의하고, 설루션을 개선해 나간다. 이 구조는 '사용자의 시선에서 문제를 정의하고 다양한 해결책을 실험하면서 점진적으로 정답에 가까워지는 접근'을 가능하게 해 전통적인 전문가 중심 설계 방식과는 본질적으로 다른 패러다임을 제공한다.

대표적 사례로는 IDEO와 일본의 파나소닉이 협력한 고령자용 전자 기기 개발 프로젝트가 있다. 고령층은 기존의 리모컨 버튼을 작게 느끼고 자주 사용하는 기능만을 선호한다는 통찰을 바탕으로 버튼을 재배열하고 기능 수를 줄이는 방식으로 사용자 친화적 제품이 개발되었다. 또 다른 예로 스탠퍼드 디스쿨은 2010년대 후반부터 아프리카 지역 보건소의 출산 키트 디자인에 디자인 싱킹을 적용해 지역 여성들과 협력하며 가장 실용적이고 문화적으로 적합한 키트를 개발했다(IDEO.org., 2015). 이러한 프로젝트들은 디자인 싱킹이 단지 예쁜 디자인을 넘어서 삶의 문제를 근본적으로 해결하는 '공감 기반의 혁신 방식'임을 보여 준다.

그러나 디자인 싱킹도 비판에서 자유롭지는 않다. "피상적인 공감", "표준화된 단계의 반복적 수행", "결과보다 과정에 집중하는 착시 효과"라는 비판이 제기되며 특히 기업 내에서는 '디자인 싱킹 워크숍'이 단발성 이벤트로 끝나거나 실제 서비스에 연결되지 않는 경우가 많았다. 이러한 비판은 곧 디자인 싱킹의 실행력과 반복 가능성의 한계로 연결된다. 사용자 조사의 주관성, 인터뷰 분석의 편향, 시제품 제작의 물리적 제약 등은 실제 문제 해결 과정에서 체계적 인사이트를 얻는 데 한계를 보이기도 한다. 이러한 상황에서 AI는 디자인 싱킹의 각 단계를 보완하고, 보다 구조적이고 반복 가능한 형태로 진화시킬 수 있다.

공감을 데이터화해 AI가 인사이트를 바꾸다

디자인 싱킹의 출발점은 '공감'이다. 그러나 인간이 느끼는 공감은 주관적이며 종종 편향적이다. 예를 들어 사용자 인터뷰에서 나온 응답은 인터뷰어의 언어, 분위기, 표정, 사회적 맥락에 따라 쉽게 왜곡될 수 있다. 따라서 전통적인 디자인 싱킹의 공감 단계는 질적 감수성과 맥락적 해석에 크게 의존하며, 수십 개의 인터뷰나 현장 관찰을 통해 추론된 '페르소나'는 늘 논란의 여지를 남긴다.

여기에 AI는 새로운 전환점을 제시한다. 특히 자연어 처리(Natural Language Processing, NLP), 감정 분석(sentiment analysis), 대규모 설문 분석, 컴퓨터 비전 기반 표정 분석 등의 기술은 사용자의 발화, 표정, 행동 패턴을 정량화하고 시각화함으로써 공감을 구조화할 수 있게 해 준다. 예를 들어 유튜브 동영상에 대한 댓글 수천 건을 AI가 감성 분석하면 사용자가 느낀 긍정·부정 감정의 양상을 시간대나 상황에 따라 정리할 수 있다. 이는 단순히 고객이 싫어했다는 것을 넘어 언제, 왜, 어떤 표현이 문제였는지를 구체적으로 데이터화할 수 있게 된다(Pang & Lee, 2008).

스타벅스는 2022년부터 AI 기반 고객 인사이트 플랫폼 '딥 브루(Deep Brew)'를 활용해 고객의 구매 이력, 선호도, 실시간 반응 등을 종합 분석하고 있으며, 이를 통해 신제품의 프로토타입을 지역별로 다르게 설계하거나 메뉴 UX(User Experience, 사용자 경험)을 사용자 유형에 맞춰 최적화하고 있다. 이는 AI를 통한 공감의 과학화, 공감의 자동화라 할 수 있으며 디자인 싱킹의 가장 취약했던 감정적 직관 기반 분석을 AI가 보완하는 대표 사례다(Hyperight, 2021.6.30).

또 이미지 인식 기반의 AI는 사용자 테스트 단계에서도 활용된다. 실제로 LG전자는 냉장고 UI(User Interface, 사용자 인터페이스)/UX 개발에 AI를 활용해 시제품의 버튼 배치, 텍스트 가독성, 손동작 시뮬레이션 등을 수치화해 반복 테스트했고 이 결과는 기존 인간 테스트보다 4배 빠른 개선 주기를 가능케 했다. 이는 시제품-피드백-개선의 순환이 인간 중심에서 인간 + AI 협업 구조로 전환되었음을 보여 준다. AI는 디자인 싱킹의 약점을 보완하고 공감과 분석, 반복과 확산의 모든 단계를 '데이터 기반의 창의적 순환 구조'로 확장하고 있다.

창의성과 실행력을 확장하는 AI

디자인 싱킹의 본질은 '공감에서 시작해 실행으로 수렴하는 것'이다. 그러나 많은 조직에서 이 실행이 좌절되는 이유는 아이디어의 현실성 검증, 자원 배분의 한계, 반복 테스트의 피로도 때문이다. AI는 이 후반 단계에서도 인간의 실행력을 증폭할 수 있다.

예를 들어 챗지피티나 퍼플렉시티 에이아이(Perplexity AI)는 사용자 니즈에 기반한 아이디어를 신속하게 다듬고 이를 실현 가능한 형태로 구조화할 수 있는 능력을 갖는다. 사용자가 MZ세대 직장인을 위한 스트레스 해소 오피스 소품 아이디어를 제시하면 AI는 제품 콘셉트, 제작비, 유통 전략, 브랜딩 키워드까지 단숨에 제안할 수 있다. 이를 기반으로 인간 디자이너는 단순히 생각하는 것이 아니라 설계하고, 기획하고, 실행하는 전 과정의 '정신적 노동'을 AI와 분담하게 된다.

또한 AI 기반 시뮬레이션은 프로토타입의 실패 비용을 줄인다. 피그마(Figma), 프레이머(Framer), 런웨이

(Runway) 같은 AI 디자인 도구는 실제 인터랙션 흐름을 시뮬레이션하고 사용자의 클릭 패턴을 예측하거나 시각적 선호도를 수치화해 출시 전부터 사용자 경험을 정밀하게 예측할 수 있는 구조를 제공한다. 이는 과거의 직관 기반 시제품 제작보다 훨씬 효율적이고, 반복 가능한 실험이 가능함을 뜻한다. 디자인 싱킹은 더는 인간의 감성에만 의존하는 것이 아니라 데이터로 공감을 구조화하고 AI로 실행을 촉진하는 '하이브리드 창의 체계'로 진화하고 있는 것이다.

디자인 싱킹은 광고 기획 프로세스에서 '브리프 작성-인사이트 도출-콘셉트 설계-크리에이티브 실행'까지의 전 단계를 전략적으로 연결하는 사고 도구로 각광받아 왔다. 특히 브랜드 포지셔닝 재정의, 고객 여정 기반 메시지 설계, 옴니채널 캠페인 구조화와 같은 고차원 작업에 디자인 싱킹은 수평적 소통과 공감 기반 전략 수립을 가능하게 했다. 하지만 이러한 사고법 역시 현실에서는 시일과 자원의 한계를 넘어야 했고, 브리프 단계에서부터 실제 제작 단계로 자연스럽게 이어지기 위해서는 더 많은 실험과 피드백이 필요했다.

이제 AI는 광고 산업에서 디자인 싱킹의 적용 범위를 확장하는 촉매가 될 것이다. AI가 타깃 소비자의 감성 톤을 분석해 메시지 방향을 제안하거나 기존 광고 자산과 시장 반응을 분석해 다채로운 콘셉트 기획안(creative concepts)을 자동 추천하는 일은 이미 실현 가능해졌다. 대표적으로 코카콜라(Coca-Cola)의 2023년 AI 기반 크리에이티브 플랫폼 '크리에이트 리얼 매직(Create Real Magic)'은 생성형 AI를 활용해 전 세계 팬들이 브랜드 자산을 가지고 자유롭게 광고 이미지를 제작할 수 있게 했고 그중 일부는 실제 캠페인에 반영되었다. 이 프로젝트는 단순한 디자인 실험을 넘어 소비자 참여 기반 광고 기획(consumer co-creation)의 새로운 사례가 되었다(Coca-Cola Company, 2023.3.20).

이러한 구조는 광고 회사의 '광고 기획자-카피라이터-아트 디렉터-크리에이티브 디렉터'라는 전통적 직무 분업 방식에도 영향을 미친다. AI가 초기 공감-정의-발산 단계에서 자료 수집과 분석을 빠르게 수행해 주기 때문에 광고인들은 더 전략적인 포지션에서 브랜드 세계관 정립, 사회적 맥락 고려, 윤리적 감수성 통합 등 고차원의 판단에 집중할 수 있다. 디자인 싱킹이 지향하던 사람 중심 사고와 감성 기반 설계가 오히려 AI의 도움을 받아 더 정교하게 구현될 수 있게 된 것이다.

디자인 싱킹에서 중요한 가치는 '사용자의 시선으로

문제를 다시 보는 능력'이다. 이에 AI는 사용자의 시선을 대신하거나 보완하는 역할을 하게 된다. 특히 소셜 미디어 리스닝, A/B 테스트 자동화, 시나리오 기반 예측 모델링 등의 기술은 광고 메시지를 설계할 때 사용자 반응을 실시간으로 예측해 전략을 정비할 수 있게 해 준다. 이는 광고의 반응 중심 전략(reactive strategy)을 예측 중심 전략(proactive strategy)으로 전환하는 계기를 제공하며, 실질적으로 광고 캠페인의 성공 확률을 높이는 요인이 될 수 있다. 앞으로 광고 업계에서 AI와 디자인 싱킹의 결합은 다음과 같은 방향으로 진화할 것으로 보인다.

1) AI 기반 브랜드 페르소나 시뮬레이션: 타깃 소비자별 페르소나와 그 감성 반응을 AI가 모델링해, 콘셉트별 반응 예측 제공.

2) 디지털 공감 인터페이스: 사용자의 터치, 음성, 행동을 실시간 분석해, 브랜드 메시지를 상황에 맞게 조정하는 인터랙션 광고 시스템.

3) AI 크리에이티브 도우미의 내재화: 카피라이팅, 디자인 초안, 콘셉트 논리 구성 등을 도와주는 AI가 에이전시 내부

의 필수 프로세스로 정립.

4) 반복 테스트의 자동화 시스템: 수십 개의 크리에이티브를 실시간 생성-반응-수집-재설계하는 전 주기 테스트 플랫폼의 등장.

결론적으로 디자인 싱킹과 AI의 협업은 창의적 사고를 구조화하고, 감성과 전략을 연결하며, 브랜드와 인간 사이의 감정적 거리감을 줄이는 과정이다. 이 흐름은 결국 광고가 감성적 동기 부여와 브랜드 몰입의 설계로 진화하고 있음을 보여 주는 증거가 될 것이다.

참고문헌

Brown, T.(2009). *Change by design: How design thinking creates new alternatives for business and society*. Harvard Business Press.

Coca-Cola Company(2023.3.20). Coca-Cola invites digital artists to 'Create Real Magic' using new AI platform. https://www.coca-colacompany.com/media-center/coca-cola-invites-digital-artists-to-create-real-magic-using-new-ai-platform

Hyperight(2021.6.30). Deep brew: Transforming Starbucks into AI & data-driven company. https://hyperight.com/deep-brew-transforming-starbucks

-into-a-data-driven-company/
IDEO.org(2015). *The field guide to human-centered design.* https://www.designkit.org/resources/1.html
Pang, B., & Lee, L.(2008). Opinion mining and sentiment analysis. *Foundations and Trends in Information Retrieval, 2*(1-2), pp.1~135.

04
스캠퍼 기법과 생성형 AI의 상상력

스캠퍼(SCAMPER)는 브레인스토밍보다 구체적이고 체계적인 창의적 사고 도구로, 기존의 아이디어나 제품을 다양한 각도에서 변형하고 재해석해 새로운 아이디어를 도출하는 방법이다. 1971년 미국의 교육학자 밥 에벌리(Bob Eberle)가 창안한 창의적 사고 촉진 도구로, 기존 아이디어나 제품, 서비스에 대해 7가지 사고 도식을 적용해 새로운 발상을 유도하는 방법이다. 다소 복잡해 보이는 단계들에 AI가 접목되면 어떻게 발전할 수 있을까.

AI와 사주?

스캠퍼: 고전적 아이디어 확장의 7단계

스캠퍼(SCAMPER)는 Substitute(대체하기), Combine(결합하기), Adapt(응용하기), Modify(수정하기), Put to other uses(다른 용도로 사용하기), Eliminate(제거하기), Rearrange/Reverse(재배열 또는 반전하기)를 뜻한다(Eberle, 1996). 이 방식은 발산적 사고를 유도하면서도 일정한 순서를 따르기 때문에, 특히 신제품 개발, 마케팅 전략, 서비스 개선 등 다양한 분야에서 널리 활용된다.

예를 들어 종이컵의 디자인을 스캠퍼로 개선한다면 Substitute 단계에서는 종이를 생분해 플라스틱으로 바꾸고, Combine 단계에서는 컵과 뚜껑을 일체형으로 결합하며, Adapt 단계에서는 와인 잔의 형태를 응용하는 방식이다. 스캠퍼는 단순한 아이디어 도출을 넘어 기존 요소의 재조합을 통해 실현 가능한 설루션을 설계하는 데 특화된 도구다. 일본 도요타(Toyota)는 '제거하기' 기법을 활용해 자동차 내 센터페시아의 물리 버튼을 최소화한 '디지털 슬림 인테리어'를 개발해 사용자 경험을 간소화하고 브랜드의 하이엔드 이미지를 강화하기도 했다(Toyota Motor Corporation, 2021).

하지만 스캠퍼는 도입이 쉬운 만큼 사고의 깊이나 다

양성 측면에서 한계를 지니기도 한다. 특히 창의적 도출이 개인의 상상력에 크게 의존하고 각 단계를 수행할 때 떠오르는 아이디어가 제한되면 결과의 폭이 좁아지는 경우가 많다. 또한 특정 도메인 지식이 부족한 사용자에겐 응용(Adapt)이나 대체(Substitute)와 같은 단계가 오히려 막막하게 느껴질 수 있다. 이처럼 스캠퍼는 구조가 분명하지만 '내용 생성'의 보조 도구가 부족할 경우 반복성과 확장성에서 제약을 받는다.

이러한 한계를 기술적으로 돌파할 수 있는 방법이 바로 생성형 AI의 결합이다.

스캠퍼 × AI, 7단계에 상상력을 주입하다

생성형 AI는 스캠퍼 기법의 각 단계에 직접적으로 결합되어 인간의 상상력을 보완하고 구조적 반복성과 실행 가능성을 강화한다. 단계별로 AI의 역할을 구체적으로 살펴보면 단순히 보조 도구가 아니라 문제 해결 파트너로서의 역할이 분명해진다는 것을 알 수 있다.

1. Substitute(대체하기)

AI는 대체 아이디어를 풍부하게 제시할 수 있다. 예를 들어 사용자가 "플라스틱 빨대를 무엇으로 대체할 수 있을까?"라는 질문을 입력하면 챗지피티는 옥수수 전분 기반 생분해 소재, 식용 파스타 빨대, 금속 또는 실리콘 재사용형, 심지어 조선 시대 대나무 빨대의 사례까지 제시한다. 이는 인간이 과거 지식에 기반해 선택하는 것과 달리 AI가 전 세계의 온라인 텍스트 · 문헌을 기반으로 다양한 제안이 가능하다는 점에서 새로운 수준의 대체 사고를 가능케 한다. 이러한 특성은 특히 소재, 포장, 구성 요소 교체 등의 실용적 아이디어에 적합하다.

2. Combine(결합하기)

결합은 창의성의 본질이라는 말처럼 AI는 서로 다른 아이디어의 접목을 도출해 내는 데 강점을 가진다. 예를 들어 "지속 가능한 뷰티 브랜드"라는 주제로 제품과 고객 경험을 결합할 아이디어를 요청할 경우, AI는 '빈 용기 회수 + 리워드 프로그램 + AR 피부 진단 시스템'의 통합 설루션을 제시할 수 있다. 이는 기존에 별개로 존재하던 아이디어를 문맥적 의미를 분석해 조합하는 것으로, 최신 대규모 언어 모델(Large Language Model, LLM)은 방대한 데이터를 기반으로 의미론적 연결성을 분석해 더욱 고차원적인 결합 아이디어를 도출하는 데 탁월한 능력을 보인다(Anthropic, 2024).

3. Adapt(응용하기)

응용 단계에서 인간은 종종 유사 사례를 떠올리지 못하거나 지식 부족의 한계로 어려움을 겪는다. 그러나 AI는 다른 산업, 문화, 지역에서 유사한 문제를 어떻게 해결했는지 데이터를 바탕으로 알려 줄 수 있다. 예를 들어 의료 분야에서 "환자의 불안을 줄이는 대기실 디자인"을 적용하려는 상황에서 AI는 유아 교육 기관의 컬러 조명 사례, 공항 수면 캡슐, 북유럽의 자연 채광 디자인을 응용한 구조 등을 추천한다. 이처럼 AI는 다양한 맥락의 사례를 '응용 가능성'이라는 기준으로 자동 분류해 제안할 수 있는 장점을 가진다. 이는 인간 지식의 응용 한계를 넘어 효율적인 정보를 제공한다.

4. Modify(수정하기)

수정은 크기, 형태, 시간, 기능의 조정이다. 이미지 생성형 AI(미드저니, 달리)는 시각적 프로토타입을 즉시 생성함으로써 텍스트로는 설명하기 힘든 시각적 변경 제안을 가능케 한다. 예를 들어 "젊은 층이 선호할 백팩의 크기와 수납 구조 변경안"을 입력하면 AI는 다양한 버전의 디자인 이미지를 제시하고 이를 수정하고 보완하면서 피드백을 실시간으로 반영이 가능하다. 이와 같이 AI

는 구체적 이미지 생성과 피드백 기반 반복을 통해 기존 수정 방식보다 훨씬 빠른 개선을 할 수 있다.

5. Put to other uses(다른 용도로 사용하기)

다용도 활용은 전통적으로 발상이 어려운 영역이다. 그러나 AI는 기존 사물의 속성과 유사한 기능을 갖는 사례를 연산적으로 탐색한다. 예를 들어 "커피 찌꺼기의 새로운 용도"를 묻는다면 AI는 이미 존재하는 탈취제, 비료, 천연 염료 외에 진드기 방지제, 가죽 폴리싱 재료, 예술 재료로의 사용까지 제안할 수 있다. 이는 인간이 즉시적으로 떠올리기 어려운 방대한 지식의 교차 연결을 통해 '쓸모없음의 재발견'이라는 창의성의 영역을 확장하는 데 매우 효과적이다.

6. Eliminate(제거하기)

불필요한 요소를 제거하는 사고는 본질을 발견하는 데 도움이 되지만 인간은 종종 전체 기능을 포기하게 되는 오류를 범한다. 반면, AI는 다양한 사례 기반 분석을 통해 '제거해도 작동하는 핵심 구조'를 도출해 낸다. 예를 들어 "스마트워치에서 최소한의 기능만 남긴 디자인"을 요구하면 AI는 사용자 위치 파악과 알림 기능만 유지하고 심박 측정이나 통화 기능은 제거한 경량 모델을 제안한다. 이러한 방식은 인간의 사용량을 데이터화해 분석하고 이를 토대로 미니멀리즘 디자인, 저가형 제품 전략, 비영리 모델 설계를 할 수 있다는 점에서 유용하다.

7. Rearrange/Reverse(재배열/반전하기)

AI는 이야기 구조와 UX(User Experience, 사용자 경험) 플로, 콘텐츠 소비 순서의 재배치를 테스트하는 데도 효과적이다. 예를 들어 전통적인 이커머스 쇼핑 흐름(검색 → 제품 → 후기 → 결제)을 '후기 먼저 보기' 구조로 재배열할 경우 예상되는 사용자 경험을 시뮬레이션할 수 있다. AI 기반 UX 디자인 플랫폼인 위자드(Uizard)와 메이즈(Maze)는 클릭 전환율 변화 예측까지 시각화해 피드백을 제공하는데 이는 실제 작업보다 효율적이고 빠르며 반복이 가능하다(Uizard & Maze case studies, 2023).

이처럼 스캠퍼의 각 단계에 AI가 결합되면 단지 한시적인 창의적 향상이 아니라 반복 가능한 시스템적 사고 시스템으로 진화하게 된다. 특히 마케팅 캠페인, 제품 디자인, UX 전략, 공공 정책 설계 등에서 단계별로 명확한 구조와 실행 안이 동시에 도출되는 형태로 고도화된다.

이는 스캠퍼의 단점으로 지적되어 온 '단발성 사고'와 '아이디어 깊이 부족'을 극복하는 매우 실용적인 방향이다.

AI가 확장하는 스캠퍼의 한계와 가능성

AI 기반 스캠퍼가 주는 가장 큰 강점은 다음 세 가지로 요약할 수 있다.

첫째, 콘셉트의 확장 속도와 깊이의 비약적 향상

전통적인 방식에서는 아이디어 하나를 7단계로만 변환했지만 AI가 결합되면 각 단계에서 수십 개의 맥락화된 변형 옵션을 생성하고 타깃 시장 반응까지 예측할 수 있다. 이는 기획 초기 단계에서 선택지를 넓히고 실험 가능성을 확장하는 데 결정적 역할을 한다.

둘째, 성과 기반의 반복적 최적화 루프 구성 가능

생성형 AI는 A/B 테스트 데이터, 소셜 미디어 반응, 소비자 설문 결과를 다시 학습시켜 스캠퍼 단계별 아이디어의 효과성을 지속적으로 개선할 수 있다. 결과적으로 단 한 번의 캠페인 실행이 아니라 지속적 학습과 개선을 포함한 크리에이티브 파이프라인 구축이 가능해진다.

셋째, 다문화 및 글로벌 시장 확장성

언어 장벽과 문화 차이는 스캠퍼 적용 시 주요 제약이었다. 그러나 AI는 다양한 언어 데이터와 문화적 콘텍스트를 분석하고 각국에 특화된 아이디어 조합을 자동으로 생성할 수 있다. 이는 특히 다국적 브랜드가 동시에 다양한 시장에 캠페인을 적용할 때 강력한 전략 도구로 작용한다.

궁극적으로 스캠퍼는 AI의 도움을 받아 창의적 결정 구조를 자동화하는 시스템으로 진화하고 있다. 이 변화는 아이데이션의 본질이 단순히 아이디어를 많이 만드는 데서 벗어나 보다 전략적이고 실행 가능한 아이디어로 전환하는 과정 전체를 관리하는 방식으로 전환되고 있음을 시사한다.

스캠퍼 기법은 단순하고 직관적이라는 장점 덕분에 오랫동안 널리 활용되어 왔지만 그 이면에는 반복성의 한계와 사고 깊이의 제약이 존재해 왔다. 특히 팀 단위로 적용될 경우 각 참여자의 경험 수준이나 상상력 편차에 따라 아이디어 품질이 달라지고 일관된 실행 안으로 정제되기 어려운 문제가 반복되기도 했다.

이제 AI는 스캠퍼의 구조적 사고 틀을 유지하면서 각

단계에서 발생할 수 있는 내용 생성의 불균형과 깊이 부족을 보완하는 역할을 맡을 수 있다. 특히 최근의 생성형 AI는 단순 텍스트 예측을 넘어 사용자의 목적과 맥락을 해석하고 해당 도메인 지식까지 제공하는 방향으로 진화하고 있다. 구글의 제미나이나 오픈에이아이의 GPT-4o는 사용자의 명령어를 스캠퍼의 사고 단계에 맞춰 자동 분류하고 단계별로 창의적 제안을 해 볼 수 있다.

예를 들어, 세계적인 뷰티 브랜드들은 AI 기반 디자인 도구를 활용해 패키징의 감성적 가치를 높이는 시도를 하고 있다. 특히 'Modify(수정)' 단계에서 AI는 단순히 시각적 변경을 넘어, 소비자의 감각 경험을 자극하는 혁신적인 설루션을 제안한다. 특정 AI 디자인 플랫폼은 브랜드 에센스를 '감성적 프리미엄'으로 정의한 뒤, 온도에 따라 색이 변하거나 특정 감각적 자극에 반응하는 스마트 잉크 소재, 또는 시각 장애인을 위한 촉각적 패턴을 패키징에 삽입하는 아이디어를 다각도로 제안한다. 어떤 것이든 변형하기 단계를 통해서 더 나은 차원으로의 혁신을 가능케 하는 것이다. 이는 인간 디자이너가 초기에는 떠올리기 어려웠던 기술 융합적 아이디어로, AI가 스캠퍼의 'Modify' 단계를 통해 패키징 디자인의 수평적 확장을 가능케 한 사례로 평가된다(Zukowski, 2023).

AI를 통해 스캠퍼의 적용 대상이 제품이나 서비스에서 콘텐츠, 브랜딩, 사회 문제 해결까지 확장되는 과정에서도 AI는 중요한 역할을 한다. 예컨대 유엔개발계획(UNDP)은 2023년 '디지털 공공 서비스 개선'을 위해 AI 기반 스캠퍼 분석을 도입해 각국의 전자정부 시스템의 인터페이스를 개선하고, 접근성을 높이는 방향을 도출했다. 이 프로젝트에서 GPT-4는 공공 서비스의 '재배열(rearrange)' 시나리오를 자동 생성하고, 각기 다른 문화권에서의 응용 가능성을 비교하는 보고서를 자동 생성하는 데 사용되었다. 이는 스캠퍼가 AI를 통해 단순한 아이디어 툴에서 전략 기획 도구로 변모한 사례다(UNDP, 2023).

그럼에도 AI와 스캠퍼의 결합에는 여전히 몇 가지 주의점이 존재한다. 첫째, AI가 생성한 아이디어는 창의적일 수 있으나 실행 가능성이나 윤리성에 대한 검증은 별도로 필요하다는 점이다. 예를 들어, 'Eliminate(제거)' 단계에서 AI가 추천한 기능 삭제가 실제 사용자에게 불편을 초래할 수 있고 'Adapt(적용)' 단계에서 무단으로 차용된 디자인이 저작권 문제를 일으킬 수 있기에 주의가 필요하다. 둘째, AI에 지나치게 의존할 경우 인간 팀의 상상력 훈련이 약화되고 사고의 다양성이 감소할 수 있다. 따라서 스캠퍼 + AI는 보완적 도구로 사용하되 비판적 사고와 협업 역량을 기반으로 한 인간 중심의 의사결정 체계와 병행되어야 한다.

이와 같은 조건을 만족할 때 스캠퍼는 AI와의 결합을 통해 '단순 창의 도구'에서 '확장 가능한 문제 해결 플랫폼'으로 진화할 수 있다. 스캠퍼는 생성형 AI라는 동반자를 통해 보다 체계적이고 반복 가능한 창의 사고의 엔진으로 활용될 수 있을 것이다.

참고문헌

Anthropic(2024.6.20). Introducing Claude 3.5 Sonnet. https://www.anthropic.com/news/claude-3-5-sonnet

Eberle, B.(1996). *SCAMPER: Games for Imagination Development*. DOK Publishers.

Toyota Motor Corporation(2021.12.14). Toyota announces new technologies to realize carbon neutrality and a carbon neutral society. Toyota Global Newsroom. https://global.toyota/en/newsroom/corporate/36427301.html

UNDP(2023). Using GPT-4 and SCAMPER to enhance E-Government interfaces.

Uizard & Maze(2023). Case studies: Predictive analytics for UI flow rearrangement.

Zukowski, A.(2023.4.14). How AI is reshaping packaging design. Packaging World.

https://www.packaging-gateway.com/features/how-ai-is-reshaping-the-packaging-industry-from-design-to-distribution/?cf-view

05
여섯 모자 사고법과 AI 협업의 균형 잡기

1985년, 세계적 창의성 이론가 에드워드 드보노(Edward de Bono)는 기존 브레인스토밍의 한계를 지적하며 새로운 사고법을 제안했다. 바로 여섯 모자 사고법(Six thinking hats)이다. 이 방식은 아이디어 회의나 문제 해결의 순간에서 사람들이 각기 다른 시각인 감정, 논리, 직관, 비판, 창의, 사실을 분리해 집중적으로 사고할 수 있도록 설계되었다.
이제 여기에 AI의 협업으로 효율성을 높여 볼 수 있다.

AI와 아이돌?

사고의 여섯 가지 시선: 드보노의 창의적 전환

사람은 일반적으로 모든 사고를 동시에 하려 하기 때문에 충돌이 생기거나 혼란이 발생한다. 에드워드 드보노(Edward de Bono)는 이러한 인지적 중첩을 제거하고, 역할을 명확히 분할해 사고의 질을 높이는 방식으로 '여섯 모자 사고법(Six thinking hats)'을 설계했다. 이는 감정, 논리, 직관, 비판, 창의, 사실이라는 여섯 가지의 방향이며 인간의 동시적 사고에서 다양한 방면의 관점으로 집중해 시너지를 높이는 사고법이다.

이 여섯 모자 사고법은 실제 회의나 워크숍에서 매우 유용하게 작동한다. 예를 들어 새로운 사회적 캠페인을 기획하는 과정에서 '흰색 모자(정보 중심)'는 사실과 데이터에 집중하고, '빨간색 모자(감정 중심)'는 대중의 감성적 반응을 상상하며, '검정색 모자(비판)'는 부작용이나 부정적 반응을 예측한다. 이어 '노란색 모자(긍정)'는 기대 효과를 강조하고, '초록색 모자(창의)'는 새로운 접근이나 발상을 제안하며, '파란색 모자(통제)'는 논의를 정리하고 종합하는 역할을 맡는다(De Bono, 1985).

이러한 분화된 사고법은 팀 내 협업의 균형을 잡는 데도 효과적이다. 특히 서로 다른 직군이나 배경을 가진 구성원들이 모인 회의에서는 감정과 논리를 구분하고, 창의와 분석을 분리함으로써 불필요한 충돌을 방지하고 사고의 폭을 넓힐 수 있다. 실제로 IBM, 쉘(Shell), 지멘스(Siemens) 같은 글로벌 기업들은 1990년대부터 이 기법을 워크숍 프로토콜에 정착시켰고, 국내에서는 SK텔레콤, CJ그룹, 교육청 혁신학교 등에서 실무와 교육 현장에 모두 적용한 바 있다(Holst Workplace Culture, 2014. 5.27).

하지만 여섯 모자 사고법은 일정한 훈련과 참여자의 자발적 몰입이 없으면 효과가 떨어지며 각 모자 역할 수행 시 주관적 왜곡이 개입될 위험도 존재한다. 예를 들어 흰색 모자를 맡았음에도 감정적 의견을 개입시키는 경우는 회의 흐름이 왜곡되거나 모자 간 경계가 무너질 수 있다. 또한 모든 사고 단계를 균형 있게 다루려면 시간과 체력이 요구되기에 빠른 결정을 요하는 디지털 환경에서는 비효율적이라는 지적도 있다.

이처럼 뛰어난 구조를 가진 여섯 모자 사고법도 현대의 빠르고 복잡한 의사 결정 환경에서 일관성과 깊이를 유지하는 데 어려움을 겪고 있다. 이런 문제를 해결하기 위해 최근에는 AI의 보조적 결합을 시도할 수 있다.

생성형 AI와 여섯 모자를 함께 쓰는 집중적 사고의 역할 분담

인간의 한계가 아닌 AI를 통해 여섯 모자 사고법을 학습하고 대체하는 방식은 매우 유용하며 발전을 기대할 수 있다. 특히 생성형 AI의 최신 기술은 인간이 논리적, 감정적, 창의적으로 사고하는 방식의 특징을 분석하고 이를 각기 다른 '모자 역할'로 분류해 시뮬레이션할 수 있다. 실제로 최신 AI 모델들은 학습된 역할에 따른 사용자 입력의 문맥을 이해하고 지시된 역할(감정, 정보, 비판, 창의 등)에 따라 반응의 결과 값을 조절해 활용할 수 있다.

광고 · 마케팅 실무에서 이 방법은 캠페인 아이디어 평가 및 전략 수립에 유용하게 적용되어 왔다. 예컨대 대형 광고 대행사들은 캠페인 브리프 회의나 광고 안 기획 워크숍에서 이 방식을 통해 카피 아이디어의 정서적 반응(red hat), 실행 리스크(black hat), 대안성(green hat)을 조직적으로 나누어 검토한다. 특히 글로벌 에이전시 BBDO는 크리에이티브 리뷰 세션에서 이 기법을 공식 프로세스로 채택한 바 있으며 '모자 쓰기'를 통해 참가자 간 의견 충돌을 조정하고, 사고 편향을 방지해 왔다.

전통적인 브레인스토밍 방식이 개인의 성격이나 위치에 따라 의견이 편중되기 쉬운 데 반해 여섯 모자 사고법은 '의도된 사고 역할 분담'을 통해 조직 내부의 위계나 감정적 반응에서 상대적으로 자유로운 환경을 제공한다. 이 점에서 대기업의 브랜드 전략 회의, PR 위기관리 시뮬레이션, 비정부기구(NGO)의 캠페인 전략 수립 등 다양한 조직적 의사 결정 상황에 적용될 수 있다.

또한 이 방식은 교육 및 퍼실리테이션 현장에서도 효과가 입증된 바 있다. 예컨대 영국의 초중등 교육 과정에서는 이 기법을 비판적 사고 및 감정 이입 학습에 활용하며, 특히 문제 해결 능력과 공감 능력 향상에 도움을 주는 것으로 보고되어 있다. 최근에는 이를 기반으로 한 협업용 앱이나 워크숍 템플릿이 다양하게 출시되었다.

여섯 모자 사고법은 창의성과 실행 가능성을 균형 있게 갖춰야 하는 아이데이션에 적합하다. 예를 들어 "초등학생 대상 감정 교육 캠페인을 기획할 때 여섯 모자 사고법으로 평가해 줘"라고 입력하면 챗지피티는 각 모자 역할별로 사고를 나눠 답변한다.

흰색 모자(정보): 감정 표현 교육의 효과에 대한 학술 연구 결과와 관련 통계를 제시

빨간 모자(감정): 부모나 교사의 입장에서 느낄 수 있는 걱

정, 기대, 두려움 등을 시뮬레이션

검정 모자(비판): 실제 실행 시 예상되는 반대 여론, 예산 한계, 과도한 개입 우려 등을 제기

노란 모자(긍정): 정서 지능 향상, 학교 폭력 예방, 부모-자녀 관계 개선 같은 장점 강조

초록 모자(창의): 온라인 감정 일기 플랫폼, 아바타 감정 게임 등의 새로운 아이디어 제안

파란 모자(통제): 캠페인 진행 프로세스와 역할 분담, 실행 로드맵 정리

이처럼 AI는 한 명의 사용자 요청에 대해 여섯 가지 사고방식을 동시에 정리해 제공할 수 있으며 감정과 논리, 비판과 창의라는 이질적인 사고 간의 경계를 명확히 유지한 채 사고 흐름을 설계해 준다. 이는 사람으로 구성된 팀이 수행할 경우 경험, 성향, 집중력의 차이로 인해 불완전하게 수행되던 부분이다.

특히 AI는 사고의 누락과 편향을 자동으로 감지하고

보완하는 능력을 가지고 있다는 점에서 인간 사고의 결정적 한계를 극복할 수 있다. 실제로 드보노 본인이 강조한 여섯 모자의 핵심은 "모든 사고를 다 했는가?"에 대한 검증인데 이는 인간의 주관적 인지로는 확인이 불가능하다. 그러나 AI는 지식 기반과 토픽 모델링을 통해 사용자의 논의가 어느 모자에 치중되었는지 통계적으로 분석할 수 있고 누락된 사고를 보완하도록 활용할 수 있을 것이다.

AI는 피로 누적이나 집중력 저하 없이 반복적으로 각 모자 역할을 수행할 수 있기 때문에 긴 회의나 지속적 기획 프로젝트에서 인간보다 일관성 있는 사고의 흐름을 유지할 수 있다. 예를 들어 광고 회사에서 내부 브리핑 시스템에 여섯 모자 사고법을 반영한 GPT 응용 모듈을 도입해 기획 초기 아이디어에 대한 다면적 평가를 자동화하면 효과적일 것이다. 특히 빠르게 아이디어를 압축해 평가할 수 있는 '검정 모자'와 '노란 모자'의 교차 비교는 캠페인 성공 확률을 판단하는 데 핵심 기준으로 활용될 수 있다.

생성형 AI는 여섯 모자 사고법을 단순한 워크숍 기법에서 실질적인 전략 설계 도구로 확장한다. 인간이 각 모자의 사고를 순차적으로 적용해야 했던 것을 AI는 동시에 병렬 처리할 수 있으며, 서로 다른 사고 영역을 논리적으로 연결하거나 충돌하지 않도록 설계하는 기능도 내장하고 있다. 이로써 여섯 모자 사고법은 AI를 통해 사고의 조합과 시뮬레이션을 수천 배 빠르게 수행하는 '인지적 다중화 프레임워크'로 재정의될 수 있는 가능성을 지닌다.

AI가 쓴 여섯 개의 모자, 사고 모드의 자동화

생성형 AI는 본질적으로 텍스트 기반의 입력(prompt)에 따라 반응을 달리하는 언어 모델이다. 이러한 특성은 여섯 모자 사고법의 핵심 개념인 '의도적 사고 전환(intentional perspective shift)'과 근본적으로 연결된다. 인간이 전환하기 어려워 역할을 나눴던 것이지만 AI를 활용해 "지금은 Red 모자, 감정적으로 생각해 줘"라고 명령하면 AI는 감정 중심의 어휘, 공감적 논리, 직관 기반 응답을 생성하고 "이제는 White 모자, 사실만 말해 줘"라고 바꾸면 통계 기반의 분석 언어와 중립적 서술로 전환한다. 이는 마치 AI가 가상의 '사고 모드'를 전환하며 여섯 가지 모자를 '순환하며 → 번갈아??? 바꿔 가며??? 올바로 착용'하는 것과 같다.

이러한 방식은 인간이 직접 여섯 모자를 순차적으로

사고해야 하는 전통적 방식보다 훨씬 빠르고 유연하다. 예컨대 단일 사용자조차도 생성형 AI의 도움을 받아 각 사고 역할을 시뮬레이션하고 기록하며 스스로 의견을 비교 분석할 수 있게 된다. 이를 통해 사고의 누락이나 편향을 최소화할 수 있으며 회의 시간 없이도 고차원적 다중 사고를 구현할 수 있다. 우리는 챗지피티 기반의 커스터마이징 모델을 구축해 신제품 기획 단계에서 각 모자에 해당하는 프롬프트 구조를 설계할 수 있다. 아래와 같이 사용의 예시를 들 수 있다.

White hat: "이 카테고리에서 지난 5년간 가장 많이 팔린 제품은 무엇인가?"
Red hat: "이 제품을 처음 접한 소비자가 느낄 감정은 어떤 것일까?"
Black hat: "이 제품이 실패할 수 있는 이유는?"
Green hat: "기존 포뮬러를 벗어난 전혀 새로운 제형은?"

이와 같이 AI는 다섯 개 이상의 시각을 짧은 시간에 전환하며 응답을 생성해 냄으로써 인간의 회의 프로세스를 디지털화할 수 있다. 만약 여섯 모자 사고법을 AI 기반 디자인 워크숍에 적용해 실험한다면 이들은 각 모자에 대응하는 챗봇 인스턴스를 만들어 팀원 각자가 대화하며 아이디어를 정제하는 방식으로 시뮬레이션할 수 있을 것이다. 예컨대 'Red hat 챗봇'은 직관적 반응을 'Black hat 챗봇'은 비판적 질문을 'Green hat 챗봇'은 발상 확장을 유도하는 식이다. 이 시뮬레이션은 실제로 사용자들이 느끼는 인지적 피로를 줄이고 창의적 갈등을 최소화하면서도 더 다양한 시도를 하게 하는 결과를 도출할 수 있을 것이다. 이러한 사례에서 AI가 가지는 장점은 크게 세 가지로 요약된다.

첫째, 사고 모드 전환의 즉각성과 반복성

인간은 감정적 사고에서 사실 기반 사고로 전환하는 데 시간이 필요하며 집중력도 영향을 받는다. 반면, AI는 훈련된 프롬프트에 따라 사고 유형을 거의 즉각 전환할 수 있으며 반복 요청에도 품질 저하가 없다.

둘째, 역할 고정의 한계 극복

전통적 여섯 모자 사고법에서는 구성원이 모자를 바꿔 쓰는 과정에서 감정적으로 몰입하기 어렵거나 고정된 역할에 갇히는 경우가 많았다. AI는 역할 간 전환이 자유로워 이러한 심리적 장벽이 존재하지 않는다. 이로써 실제 회의보다 더 균형 있는 사고 분포를 확보할 수 있다.

셋째, 사고 간 비교·통합의 자동화

각 사고 모드에서 생성된 의견들을 AI는 한눈에 보기 쉽게 요약하거나 표로 정리해 비교해 준다. 이는 기존 사고법의 결과가 텍스트 조각으로 흩어지는 것에 비해 훨씬 전략적 의사 결정이 용이한 결과물을 제공한다.

실제 광고 기획 과정에서도 이러한 방식은 유용하게 활용된다. 예를 들어 특정 TV 광고 캠페인을 기획할 때 Red hat 모드로는 타깃 소비자의 감정 반응을 시뮬레이션하고 Yellow hat 모드로는 예상되는 긍정적 반응과 기대 효과를 Black hat 모드로는 리스크 시나리오를 미리 검토할 수 있다. AI는 이를 통합한 비교 리포트를 제공함으로써 크리에이티브 콘셉트 결정의 투명성과 설득력을 크게 향상한다.

이제 문제 해결을 원하는 다양한 기업들이 여섯 모자 사고법을 기반으로 한 AI 워크플로 모듈을 개발해 팀워크 자동화에 적용하면 효과적일 것이다. 이 모듈은 내부 교육 툴, 회의 자동 정리 시스템, 전략 리뷰 프로세스 등에 응용되며 사고의 정교화와 협업의 효율화라는 두 가지

가치를 동시에 확보할 수 있다. AI는 여섯 모자 사고법의 전통적 강점을 강화하는 동시에 시간과 역량의 한계를 극복하고 디지털 사고 시뮬레이션의 정교한 프레임으로 이 방식을 재탄생시킬 수 있다.

AI와 함께하는 프레임워크로서의 진화

여섯 모자 사고법은 AI와 결합하면서 단순한 브레인스토밍 보조 도구에서 벗어나 완전한 디지털 사고 프레임워크(digital thinking framework)로 진화하고 있다. 이는 단지 사람의 사고를 돕는 것을 넘어 사고 자체의 단위와 구조를 디지털화하며 새로운 형식의 창의적 문제 해결 모델을 형성해 가고 있음을 의미한다.

기존의 회의나 아이디어 회의는 사람 중심, 직관 중심이었다. 이제 오늘날 AI는 여섯 모자 사고법의 각 모드를 자동화할 뿐 아니라 인간의 사고방식을 기계적으로 '재현'하는 데서 더 나아가 기존 인간 사고의 범위를 확장하거나 재배치할 수 있는 능력을 보여 주고 있다. 챗지피티 또는 앤트로픽(Anthropic)의 클로드와 같은 언어 모델은 한 명의 사용자가 입력한 문제에 대해 여섯 가지 사고 모드로 동시에 응답하거나, 각 응답의 핵심 요점을 요약 및 평가하는 기능까지 제공함으로써 다중 사고 병렬 처리를 가능하게 한다.

이와 같은 시스템은 특히 광고 전략 기획, PR 리스크 평가, 브랜드 포지셔닝 분석 등 고차원의 비즈니스 의사 결정에서 유용하다(Chawak, 2024). 기업은 여섯 모자 사고법을 통해 기존 브리프의 약점을 보완하거나 크리에이티브 콘셉트를 정밀하게 다듬을 수 있으며 AI는 이를 실시간 데이터 기반으로 보완하는 역할을 한다. 이 과정은 결국 AI를 팀의 일원으로 초대하는 것과 같은 사고방식의 변화를 요구한다. 단순한 도구로서 AI를 쓰는 것이 아니라 문제를 '함께 생각하는 동료'로서 AI를 인식하는 패러다임 전환이 일어나고 있다.

AI는 또 하나의 의미 있는 진화를 제공한다. 기존 여섯 모자 사고법은 참여자 수나 역할 제한 등 물리적 제약이 있었지만 AI는 이 한계를 극복하고 다중 역할을 동시 구현하는 가상 시뮬레이션 환경을 제공할 수 있다. 특히 메타버스 기반 회의 플랫폼이나 챗봇 통합 시스템에서는 AI가 Blue hat 역할(전체 조율과 판단)을 맡고 인간 참가자는 Green hat 또는 Red hat처럼 감정이나 창의성에 집중할 수 있도록 구성되기도 한다. 이는 인간과 AI의 역할 분업 구조로 사고의 깊이와 효율성을 동시에 향상하는 결과를 가져온다. 앞으로 AI 기반 여섯 모자 사고법은 다음과 같은 방향으로 확장될 것으로 보인다.

AI 협업 사고 파트너 개념(AI co-thinker): 팀 회의에서 인간과 AI가 동시에 의견을 내고, 상호 비판과 보완을 거쳐 '공동 결론'을 만드는 방식.

적응형 사고 흐름(adaptive thinking flow): 사용자 행동과 맥락을 실시간 분석해, 현재 필요한 사고 모드를 AI가 자동 제안하는 적응형 시스템.

사고를 점검하는 시스템(meta-cognition engine): 여러 사고 모드 결과를 AI가 통합 분석해, 가장 논리적이거나 감정적으로 적절한 판단을 추천하는 인지 메타 계층 구조.

감정을 인지하는 복합 매개체(emotion-sensitive interface): 감정 모자(Red hat)의 응답을 AI가 사용자 표정, 목소리 톤, 텍스트 스타일 등을 통해 감지하고 감성 분석 기반으로 정제해 응답하는 고급 감정 추론 시스템.

이러한 진화는 여섯 모자 사고법이 단지 하나의 창의 기법으로 머무르지 않고 AI 시대의 사고 관리 체계로 확장될 수 있음을 보여 준다. 특히 광고 · 마케팅 · 정책 · 교육 · 제품 개발 등 사고와 판단이 핵심이 되는 산업에서는 사고 프로세스 자체를 설계하는 전략적 핵심이 될 수 있다.

결론적으로 여섯 모자 사고법은 AI와의 결합을 통해 인간 중심 창의성에서 인간-AI 공진화 창의성으로 이동하고 있다. 이 변화는 사고의 '깊이'와 '확산' 모두에서 새로운 차원을 제공하며 결국 인간의 의사 결정 능력을 강화하는 지능적 도구로 작동하게 될 것이다. 이러한 변화는 AI가 '의미를 파악하고 응답하는 존재'로의 전환을 의미한다. AI는 사용자가 무의식적으로 제시한 질문 속에 포함된 의도, 감정, 사고의 맥락을 파악하고 이에 적절한 사고 모자의 역할을 수행할 수 있다. 예컨대 사용자가 특정 아이디어에 대한 평가를 물어봤을 때 AI는 이를 감정적 불안(빨간 모자), 정보 부족(흰 모자), 위험성 평가(검정 모자)로 나누어 사고할 수 있는 틀을 제시한다. 이처럼 AI는 인간이 인식하지 못한 사고 단계를 드러내고 유도하는 역할을 수행할 수 있다.

이러한 공진화적 관계는 AI가 사람의 사고 유형을 모방하는 수준을 넘어 새로운 사고를 제안하거나 사고 흐름을 스스로 조정하는 단계에 도달하면서 심화할 수 있다. 사용자의 언어 습관과 결정 패턴을 학습하고 특정 사고의 왜곡이나 누락이 반복될 경우 해당 영역을 강화해주는 식으로 작동하게 하는 것이다.

또한 여섯 모자 사고법처럼 '역할 기반 사고 분할'은 AI의 멀티모달 처리 능력과 결합될 때 더욱 강력해질 수 있다. 예를 들어 한 문제에 대해 GPT-4o가 흰색 모자 역할로 구글 스칼라 논문에서 데이터를 수집하고, 빨간 모자 역할로 사용자의 과거 이모션 로그를 참고하며, 초록 모자 역할로 달리(DALL · E)를 활용해 시각적 대안을 제시하는 방식이다. 이처럼 AI는 텍스트, 이미지, 통계, 감정 등 이질적 정보원 간의 사고를 병렬적으로 통합하며, 인간의 직선적 사고방식을 다차원적으로 확장할 수 있다.

이러한 변화는 사고의 효율성뿐만 아니라 의사 결정의 윤리성과 책임성에도 영향을 준다. 과거에는 아이디어가 감정이나 경험에 기반해 도출되고 그에 대한 검증은 사후에 이루어졌다면 AI와 함께하는 사고 구조에서는 모든 아이디어에 대해 즉각적인 다면적 검토가 가능해진다. 의사 결정 과정에서 정보 편향, 감정 왜곡, 논리 결함을 사전에 탐지하고 사고의 투명성을 높이는 역할을 수행할 수 있다는 것이다.

여섯 모자 사고법은 AI 시대에 완전히 새로운 가능성을 맞이하고 있다. AI는 감정과 논리, 창의와 비판이라는 이질적인 사고의 균형을 유지하는 데 탁월한 조율자가 될 수 있으며 단순히 인간의 사고를 모방하는 단계를 넘어 사고의 깊이를 진화시키는 존재이기도 하다.

참고문헌

Chawak, S.(2024.10.3). How to leverage Six Thinking Hats process for Generative AI Innovations in procurement. LinkedIn. https://www.linkedin.com/pulse/how-leverage-six-thinking-hats-process-generative-ai-sachin-chawak-ivzxc

De Bono, E.(1985). *Six thinking hats*. Little Brown and Company.

Holst Workplace Culture(2014.5.27). IBM turns to Six Thinking Hats. https://weareholst.com/ibm-turns-to-six-thinking-hats/

06
브레인 라이팅과 AI 협업의 비선형 사고

브레인 라이팅(brain writing)은 브레인 스토밍의 변형 기법으로 참여자들이 말이 아닌 글로 아이디어를 기록해 공유하고 발전시키는 방식이다. 브레인스토밍이 적극적 성향으로 토론을 해서 얻는 방법이라면 브레인 라이팅은 내성적인 참가자나 언어적 충돌이 잦은 회의 환경에서 평등하게 창의성이 발현되도록 만든 아이데이션 방법이다. AI는 이러한 방법에 가장 효과적인 창의적인 방법의 사고를 도울 수 있게 된다.

AI와 야구?

브레인 라이팅, 침묵 속 창의성의 구조화

브레인 라이팅(brain writing)은 1960년대 독일의 광고 및 마케팅 컨설턴트 헬무트 슈리크(Hellmut Schlicksupp)가 지멘스사의 혁신 팀과 협업 중 개발했다. 이 방법은 내성적인 참가자, 고차 사고가 필요한 문제 해결, 언어적 충돌이 잦은 회의 환경에서 창의성의 평등한 발현을 목적으로 설계되었다(Schlicksupp, 1975). 그는 이 방식이 기존 브레인스토밍의 소음과 중첩, 주도권 집중의 문제를 해결할 수 있다고 보았으며, 이후 6-3-5 기법이라는 구체적 구조로 정형화되었다.

6-3-5 기법은 6명의 참가자가 3개의 아이디어를 적고 이를 5번 순환시켜 발전시키는 구조다. 이는 총 108개의 아이디어를 단 30분 내에 수집할 수 있도록 설계되어 있으며, 이 방식의 최대 장점은 아이디어의 '비선형성'에 있다. 모든 참가자가 동시에 작문하므로 특정 아이디어가 토론에서 압도적으로 우위를 점하거나 논쟁이 일어나 방해되는 일이 줄어든다. 또한 타인의 아이디어 위에 자신의 아이디어를 덧붙이는 방식은 자연스러운 발산-수렴 구조를 형성한다. 광고 기획 회의나 마케팅 포지셔닝 전략 회의에서도 이 방식은 '카피 아이디어', '키 비주얼 아이디어', '콘셉트 도출' 등의 크리에이티브

파트별로 나누어 적용되며 효율적인 협업을 도와 왔다 (Wikipedia, 2024).

브레인 라이팅은 특히 조직 체계가 강하게 작동하는 조직 문화 내에서 유용하다. 한국, 일본, 독일처럼 위계가 뚜렷한 문화권에서는 팀 내 발언 빈도나 수위가 계급에 따라 좌우되는 경우가 많은데 브레인 라이팅은 이를 중화시킬 수 있다. 그러나 브레인 라이팅의 활용에는 한계도 존재한다.

첫째, 아이디어의 흐름과 연결성이 약해질 수 있다. 각 아이디어가 독립적으로 생성되어 누적되기보다는 병렬적으로 정리되는 경우가 많기 때문이다.

둘째, 아이디어의 질보다는 양이 과도하게 중시될 가능성도 있다.

셋째, 참여자 간 피드백이 제한되기 때문에 창의적 충돌이나 직관적 전환이 어렵고 비언어적 커뮤니케이션의 부재로 감정의 맥락을 이해하기 어렵다. 이로 인해 아이디어는 풍부하지만 연결되지 않은 파편처럼 흩어진 채로 남는 경우는 단점으로 발생한다.

이러한 문제를 해결하기 위해 브레인 라이팅 방법이 생성형 AI와의 결합되면 문제점으로 확인되었던 기법의 구조적 한계를 극복할 수 있다. AI는 기록된 글을 기반으로 논리적 연결을 형성하고 패턴을 추출하며, 독창적 발상을 제시함으로써 정적인 브레인 라이팅을 동적인 아이디어 발전 도구로 전환할 수 있는 것이다.

생성형 AI와 브레인 라이팅의 융합 방식

브레인 라이팅은 구조적으로 아이디어의 독립성과 양적 확산에 초점을 맞춘 기법이다. 반면, AI는 그동안 인간의 텍스트 데이터를 학습해 온 '연결'의 존재다. 이 둘이 만나면 인간의 파편적일 수 있는 개별적 아이디어는 AI의 연결성 모델에 의해 새로운 의미 체계로 확장될 수 있다. 이러한 융합으로 '서로 다른 사고 단위 사이의 비선형 연결'을 가능하게 한다는 점이다.

예를 들어 광고 캠페인을 위한 콘셉트 기획 회의에서 여섯 명의 크리에이터가 각각 세 개의 슬로건 아이디어를 브레인 라이팅 형식으로 제시했다고 가정하자. 이때 각 문장은 서로 독립적으로 작성되어 단순히 나열된다. 그러나 생성형 AI, 특히 GPT-4o나 클로드 3와 같은 최신 모델은 이 문장들을 단순히 모아 두지 않고 언어적 · 의미적 패턴을 분석해 유사한 사고 클러스터로 묶고 핵심 메시지를 재구성하거나 확장형 콘텐츠로 전환한다. 브레인 라이팅에 인간과 AI 융합의 실질적 장점은 크게 세 가지로 요약할 수 있다.

첫째, 패턴 인식과 정제 자동화다. 브레인 라이팅에서 도출된 아이디어들은 다양한 스타일과 표현으로 구성되는데 AI는 이를 자연어 처리 기술(Natural Language Processing, NLP)로 클러스터링하고 의미 중복이나 표현 중첩을 제거해 더 정제된 버전으로 제시할 수 있다. 이는 마케팅 메시지나 카피라이팅 최적화에서 특히 유용하다.

둘째, 아이디어 간 관계 분석 및 확장이다. AI는 개별 아이디어의 유사성과 대조성을 평가해 어떤 아이디어들이 서로 보완적이며 어떤 방향으로 통합 가능한지를 제시한다. 예를 들어 "아침 관리 루틴"이라는 표현과 "새벽 첫 한 모금"이라는 문구가 서로 다른 참여자에 의해 제안되었을 경우 AI는 이를 '아침을 위한 첫 번째 루틴'이라는 공통 콘셉트로 통합하고 라이프 스타일 캠페인 전략의 핵심 메시지로 발전시킬 수 있다.

셋째, 창의적인 전환을 촉진하는 도구로서의 역할이다. AI는 단순히 논리적 구조를 조합하는 수준을 넘어 비유·은유·반전 등의 창의적 기법을 학습하고 이를 기반으로 새롭고 낯선 방식의 표현을 생성한다. 이는 특히 브랜드 아이덴티티 구축 과정에서 핵심이 된다.

과거 브레인 라이팅이 인간 참여자의 창의성에 전적으로 의존했다면 AI는 수집된 글 사이 '의미의 간극'을 메우고 새로운 문맥을 생성해 내는 존재가 된다. 이는 특히 '고객 페르소나 기반 콘텐츠 설계', '에센스 카피 발상', '브랜드 스토리텔링 시나리오 구성' 등 광고 실무에서 매우 유용하게 활용된다. 그뿐만 아니라 AI는 참여자별 스타일 분석을 통해 팀 내 크리에이티브 다양성을 수치화할 수 있다. 이는 광고 회사나 브랜드 팀에서 유사한 사고방식의 집단화를 방지하는 데 도움을 주어 개별적이고 창의적인 사고를 하도록 돕는다. 또한 창의성의 균형을 점검하는 데이터 기반 도구로도 기능한다.

결과적으로 AI는 브레인 라이팅을 정적인 아이디어 축적 기법에서 동적인 의미 생성 플랫폼으로 확장한다. 이는 '침묵 속의 글쓰기'라는 브레인 라이팅의 본질을 유지하면서도 AI의 능동적 언어 조합과 맥락 연결 능력을 통해 창의적 아이데이션을 가속화할 수 있게 된다. 다음 단락에서는 이러한 사고 확장에 대한 철학적 의미와 실제 협업 실험 사례를 다루며 AI가 브레인 라이팅과 함께 어떤 방식으로 아이디어의 생태계를 바꾸고 있는지를 살펴보겠다.

아이디어의 맥락을 잇는 존재로서의 AI

브레인 라이팅은 본래 '모두가 창의적이고 아이디어를 낼 수 있는 평등한 창의적 존재'라는 이상을 추구한다. 하지만 이 방식은 인간 참여자의 피로도, 집중력 저하, 창의력 고갈 등으로 인해 일정 시간이 지나면 급격히 비효율화되는 경향이 있다. 이는 '고립된 창의성'의 한계로 아이디어 간의 영향을 주거나 문맥적 흐름을 잇기 어렵기 때문이다. AI의 결합은 이러한 브레인 라이팅의 내재적 한계를 근본적으로 보완하며 아이디어 생태계를 시간과 공간을 넘어 확장하는 방식으로 진화시킨다.

첫째, AI는 아이디어 간 '맥락화'의 역할을 수행한다. 인간 참여자가 제시한 텍스트 아이디어는 개별적으로 보면 신선할 수 있지만, 전략적 관점에서는 브랜드 메시지와 어긋나거나 논리의 비약이 생길 수 있다. 이때 AI는 문맥 분석과 의미론적 필터링을 통해 브랜드 아이덴티티(brand identity), 포지셔닝(positioning), 톤 앤드 매너(tone and manner)에 일치하는 방향으로 아이디어의 방향성을 조정할 수 있다.

둘째, AI는 아이디어의 생명 주기를 확장한다. 일반적으로 브레인 라이팅에서 생성된 아이디어는 회의 이후 '기록'되는 데 그치거나 일부만 살아남아 실현된다. 하지만 AI는 수집된 아이디어를 장기적으로 보존 · 분석하고 다른 프로젝트나 브랜드 전략에 재활용할 수 있는 데이터베이스 자산으로 전환할 수 있다. 이 방식은 특히 대형 광고 회사나 브랜드 그룹이 연간 수십 개의 캠페인을 운영하는 경우 크리에이티브 인사이트의 축적과 재활용에서 효율을 극대화한다.

미국의 크리에이티브 테크 기업인 퍼사도(Persado)는 수년간 고객사가 작성한 브레인 라이팅식 콘텐츠를 AI가 학습해 '상업적 반응률이 높은 감성 톤 조합'을 자동으로 제안하는 시스템을 개발했다. 이 시스템은 이메일 마케팅 문구, 디스플레이 광고 카피, 이커머스 제품 타이틀 등에서 사용되며 A/B 테스트 결과 최대 전환율을 증가시키기 위한 성과를 만들어 내고 있다(Persado, n.d.).

셋째, AI는 브레인 라이팅의 다중성과 비동시성을 보완한다. 전통적 브레인 라이팅은 같은 시간 같은 장소에서 진행되는 것이 일반적이었으나 생성형 AI의 도입으로 이 방식은 완전히 디지털화되었다. 클라우드 기반 협업 툴과 AI 인터페이스가 결합되면 전 세계 다른 시간대에 있는 팀원들도 동일한 프로젝트에 비동기적으로 참여할 수 있고, AI는 개별 작성된 텍스트를 연계하고 공통의 스토리 구조로 통합하는 역할을 수행한다.

이러한 구조는 특히 글로벌 브랜드 캠페인이나 다국적 팀이 운영하는 디지털 마케팅 프로젝트에서 실시간 회의의 한계를 극복하며 더 넓은 관점과 더 다양한 문화적 인사이트를 아이디어에 반영할 수 있도록 돕는다.

넷째, AI는 브레인 라이팅의 철학적 기반을 강화한다. 브레인 라이팅은 말보다 글을 통해 창의성을 구조화하고 즉흥적인 반응보다 깊은 사유를 지향하는 철학을 내포하고 있다. AI는 바로 그 '글의 사유'를 확장하는 존재로 기능한다. 인간이 잠깐 떠올린 단어 하나, 표현 하나도 AI는 그것의 어원, 사용 맥락, 문화적 변형을 파악해 다시 인간에게 되돌려준다. 이는 결국 창의성의 본질을 되묻는 일이며 인간-기계 협업을 통해 창조적 주체성이 더욱 정밀하고 투명해지는 방향으로 진화하고 있음을 보여 준다.

결론적으로 브레인 라이팅은 AI를 통해 고립된 사고에서 연결된 사고로, 정적인 생산에서 유동적인 창조로, 단절된 참여에서 비동기적 연속성으로 진화하고 있다. 이는 AI를 활용한 아이데이션 기술의 창의성을 개발하는 새로운 관점이며 앞으로의 아이데이션 방식에서 핵심 전략이 될 수 있을 것이다.

참고문헌

Persado.(n.d.). AI-generated language that drives business outcomes. https://persado.com/

Schlicksupp, H.(1975). Brainwriting Pool. *Innovationsforschung: Produktinnovation durch Kreativitat*, p.438. Gabler Verlag.

Wikipedia(2024). 6-3-5 Brainwriting.

07
전략적 모방과 전환의 기술, 해킹 아이디어

'해킹(hacking)'이라는 표현은 본래 컴퓨터 보안 침투라는 의미였지만, 현재는 보다 포괄적으로 기존 시스템을 의도적으로 비틀거나 창의적으로 전환해 사용하는 모든 전략적 변조 행위를 뜻한다. 콘텐츠 기획자나 마케터가 쓰는 '밈(meme) 해킹', '문화 코드 해킹' 등은 모두 여기에 포함된다.

AI와 윤동주?

창의는 새로운 것이 아닌 재발견과 진보

'창의성'은 종종 무에서 유를 만들어 내는 마법처럼 여겨지지만 실제 대부분의 창의는 '기존의 것을 새로운 맥락에서 전용하는 행위'라고 볼 수 있다. 해 아래 새것은 없는 것이다. 이는 다시 말해 전략적 모방(strategic appropriation)이라 볼 수 있다. 특히 광고는 대중 속의 소비자를 향하기에 익숙하면서도 새롭지 않으면 인식을 사로잡을 수 없다. 해킹 아이디어(Concept Hacking)는 바로 이 점에서 출발한다. 기존의 광고 캠페인, 브랜드 슬로건, 소비자 통찰(insight), 제품 사용 방식 등에서 구조를 빼내고 전혀 다른 분야나 문맥에서 재조립함으로써 창의성을 재생산하는 방식이다.

'해킹(hacking)'이라는 표현은 본래 컴퓨터 보안 침투라는 의미였지만 현재는 보다 포괄적으로 기존 시스템을 의도적으로 비틀거나 창의적으로 전환해 사용하는 모든 전략적 변조 행위를 뜻한다. 문화적 코드와 인지 패턴을 활용해 기존 아이디어의 구조를 흡수하고 변형해 새롭게 구성하는 창의적 아이데이션 방법이다(Estadieu & Caires, 2018).

이 개념은 광고계의 유명 전략가 로리 서덜랜드(Rory Sutherland)가 주장한 "심리적 가치 해킹(Psychological

Hacking)" 이론과도 닿아 있다. 그는 소비자의 행동은 제품의 객관적 품질보다 인지 구조와 상징체계의 해석에 영향을 더 많이 받으며 기존의 사고틀을 약간만 비틀어도 소비자가 '혁신적'이라고 인식할 수 있다고 설명한다(Sutherland, 2007). 예를 들면 호텔 방 청소에 "당신의 선택이 환경을 보호합니다"라는 문구를 붙였을 뿐인데 고객의 수건 재사용 비율이 크게 증가한 사례처럼 '창의성'은 새로운 제품 개발보다 기존 메시지의 맥락 전환에서 더 많이 발현된다는 것이다.

그렇다면 광고와 마케팅에서 실제로 적용 가능한 해킹 아이디어는 어떤 방식으로 구현될 수 있을까? 여기엔 크게 다음의 세 가지 원칙이 있다.

첫째, 상징 구조 해킹

유명 슬로건, 캐릭터, 유행어 등 '인지된 코드'를 가져와 새 맥락에서 전환하는 방식이다. 예를 들면 "Just Do It"을 "Just Show Up"으로 변형해 행동보다 태도를 강조하는 메시지를 뽑아내는 것이다.

둘째, 사용 맥락 해킹

제품의 기본 기능을 바꾸지 않고 사용되는 맥락을 재설

정해 새롭게 선보이는 방식이다. 다용도 클립을 '책상 정리 도구'로 제안하거나 인체에 무해한 비누를 '친환경 주방세제'로 응용하는 식이다.

셋째, 문화 코어 해킹

사회적 이슈나 문화 트렌드를 가져와 브랜드에 붙이는 전략이다. 전통적인 '할매 입맛'을 MZ세대와 연결해 흑임자, 쑥, 인절미 등의 떡을 힙하게 선보이며 유행시키거나 과거에 잊힌 영상의 밈(짤방, 트렌드 영상)을 브랜드 서사에 흡수하는 방식이다. 아주 오래전 종방된 시트콤의 밈은 최근에도 MZ세대가 활용하곤 한다.

이러한 해킹은 단지 패러디나 표절이 아니라 기존 구조의 변형을 통해 새로운 의미를 생산하는 창조적 응용이다. 특히 광고 캠페인에서는 이 방식이 소비자의 기대를 전복해 강한 몰입과 인지 효과를 유도할 수 있다는 점에서 매우 효과적이다. 이는 심리학의 인지 불일치 이론(cognitive dissonance)과도 연결된다. 소비자가 익숙한 구조를 보다가 예상과 다르게 전환되었을 때 주목도가 급상승하고, 기억 속에 오래 남는다는 것이다. 이 개념은 이미 글로벌 브랜드와 국내 주요 캠페인에도 적용되고 있다.

나이키(Nike)는 자사 캠페인을 소비자들이 '재조합'하도록 유도하는 '드립 해킹 마케팅'을 유튜브 쇼트폼 기반으로 전개하며 사용자 생성 콘텐츠(UGC)에서 파생되는 '비공식 슬로건 변형'조차 브랜드 영향력으로 포용하고 있다. 유튜브 쇼트폼 영상은 "Nike Drip"이라는 명확한 프레임 위에 사용자들이 쇼트폼 리믹스 템플릿을 사용해 자신만의 '드립(스타일, 오브젝트)'을 추가하도록 설계했으며, 소비자가 직접 템플릿을 편집하고 재조합하도록 유도해 브랜드 메시지가 자연스럽게 소비자 중심 콘텐츠로 확장되는 효과를 보았다.

CU 편의점은 '대충 만든 영상' 스타일을 차용해 '노린 듯 안 노린 듯'한 해킹 캠페인을 기획, 〈편의점 고인물〉, 〈편의점 뚝딱이〉와 같이 친숙하고 가벼우면서 마치 실제 점포에서 일어나는 듯한 자연스러운 영상을 선보이며 젊은 소비자의 콘텐츠 소비 패턴에 정확히 대응했다(양범수, 2023).

이처럼 '해킹 아이디어'는 현대 콘텐츠와 광고 시장에서 대중의 학습된 인지 구조를 창의적으로 교란하거나 재배치하는 전략으로 다른 어떤 발상 기법보다도 실제적이고 즉각적인 효과를 발휘한다. 특히 생성형 AI와의 결합을 통해 기존 광고·문구·슬로건·이미지 등을 다량으로 불러오고 이를 목적에 따라 자동 변형할 수 있게 되면서 아이디어 해킹의 실험 범위는 폭발적으로 확장되었다.

AI를 활용한 해킹 아이디어의 실행법

생성형 AI는 '해킹 아이디어'의 실행 가능성을 획기적으로 확장하는 도구다. 기존에는 뛰어난 직관과 통찰을 가진 기획자만이 가능했던 발상은(예컨대 슬로건 구조의 전환, 유명 광고 콘셉트의 맥락 재배치, 문화 코드의 창의적 연결 등) 이제 AI를 통해 보다 체계적이고 반복 가능하며 실험 가능한 방식으로 수행된다. 예를 들어 챗지피티에게 아래와 같은 프롬프트를 주는 것만으로도 창의적인 해킹 아이디어 초안을 확보할 수 있다.

> "나이키의 Just Do It 슬로건을 10가지 문화적 맥락으로 재해석해서 각각 다양하게 적용해 줘."
> "Z세대가 좋아하는 뉴트로 감성으로 카피를 변형해 줘."
> "베스트셀러 자기계발서 제목을 광고 카피로 바꿔 줘."

이러한 요청에 대한 응답은 단순한 문장 생성이 아니

라 기존의 상징체계와 문맥에 대한 분석 + 변형 + 새로운 결합이 포함된 결과를 제공한다. 특히 GPT-4와 같은 모델은 문맥을 감지하고, 유사 사례를 기반으로 재조합하는 능력이 뛰어나 해킹 아이디어 실행에 매우 유리하다. 아래는 '해킹 아이디어'를 AI 기반으로 실행하는 실제 5단계 흐름이다.

1. 구조 분석

기존 유명 카피/콘셉트의 구조를 파악하고 이를 AI에게 학습시킨 후에 "이 카피 문구의 구조를 분석해 줘"라고 요청한다.

2. 맥락 치환

해당 구조를 다른 브랜드/시장으로 옮기는 단계이다. AI에게 "이 카피들의 구조를 헬스/뷰티/교육산업에 맞게 변형해 줘"라고 요청한다.

3. 문화 연결

밈, 사회적 이슈, 트렌드와 연결하는 단계이며 "이 콘셉트를 최신화된 트렌드로 현재 밈과 연결해 줘"라고 요청해 새로운 버전을 확인한다.

4. 변형 생성

다수의 변형 슬로건, 비주얼, 콘셉트를 도출하는 단계이며 마음에 드는 것을 중심으로 "10가지를 각각 다르게 제안해 줘"라고 말하고 각각의 비주얼 테스트를 위한 이미지를 요청할 수 있다.

5. 선택 · 정제

가장 적합하고 좋은 것을 선정해 최종으로 보완하는 단계다. "A안과 B안 비교하고 소비자의 예측 반응도 포함해 줘"라고 요청해 최종 선택을 할 수 있다.

위의 과정을 통해 팀은 수십 개의 실험 가능한 콘셉트 카드를 단시간 내 확보할 수 있으며 그중 소비자 타깃의 인사이트와 맞닿는 안을 중심으로 발전시키는 전략을 취할 수 있다. 이는 과거처럼 사람의 직관에만 의존하는 브레인스토밍보다 훨씬 구조적이고 효율적인 방법이다.

기존의 잘 갖춰진 데이터가 있다면 이를 변형하고 적용하는 실험은 AI를 통해 빠르게 실행될 수 있으며 타깃 인게이지먼트 데이터를 기반으로 실시간 수정도 가능하다. 특히 다중 시나리오 기반 카피 A/B 테스팅 기능을 탑재한 재스퍼 AI(Jasper AI), 카피 AI(Copy.ai) 등은 카피의 감성 점수, 행동 유도 가능성, 톤 앤드 매너(tone & manner) 차이까지 분석해 준다(Upwork Research, 2024). 또한 이미지 생성 모델인 미드저니, 달리 등은 텍스트로 설계된 해킹 아이디어를 시각적으로 빠르게 확인하고 전환할 수 있는 도구로 활용할 수 있다.

현업을 위한 AI 해킹 아이디어 체크리스트

해킹 아이디어는 창의적인 혼돈이 아닌 전략적 체계 속에서 더욱 효과를 발휘한다. 특히 광고나 콘텐츠 기획자, 브랜드 마케터 입장에서는 아이디어가 단순히 '신선하다'는 것만으로는 충분하지 않다. 브랜드 방향성과 맞는가, 소비자에게 의미 있는가, 실행이 가능한가라는 점까지 고려해야 한다. 따라서 해킹 아이디어를 실행하기 위해선 다음과 같은 다섯 가지 체크리스트를 반드시 점검해야 한다.

첫째, 원본과의 거리 두기: 차별성 확보 여부

해킹은 '차용'이지만 표절이나 패러디에 그쳐선 안 된다. 원본이 가진 구조와 상징을 가져오되 전혀 다른 맥락으로 전환해야 의미가 있다. 예를 들어, 나이키의 "Just Do It"을 피트니스 센터에 가입된 회원들에게 광고 슬로건을 써야 해 해킹한다고 했을 때 "Just Breathe"로 단순 변형한 슬로건은 의미 전달력은 있지만 이를 해킹으로 보기엔 창의 전환이 부족하다. 반면, "Just Show Up"은 행동을 강요하지 않고 존재 자체를 격려하는 철학적 전환이라는 점에서 해킹 아이디어로 높은 점수를 받을 수 있다.

둘째, 소비자 맥락 연결성: 인사이트 반영 여부

단순한 변형은 실패한다. 소비자가 실제로 마주하는 삶의 장면, 감정, 불안, 기대 등을 충분히 읽어야 한다. 예컨대 '2030 여성의 출근 스트레스'라는 인사이트(Insight)를 기반으로 "출근 전 커피는 나의 에너지"라는 문장을 만든다면 이는 소비자 감정과 맥락에 결합된 해킹이라고 볼 수 있다. 공감이나 설득이 되지 않는 광고도 공해일 수 있듯이 소비자의 세계 안으로 들어가지 않는 해킹 역시 소음이 된다.

셋째, 시각적/언어적 전환의 구체성

AI를 활용한 해킹 아이디어는 텍스트 기반 카피 + 이미지/영상 프로토타입을 함께 개발해야 효과가 있다. 재스퍼 AI로 세 가지 문장을 만들고, 미드저니로 시각적 스타일을 재구성하고 캔바(Canva)나 피그마(Figma)로 간단한 목업을 구성하면 1인 콘텐츠 팀도 강력한 전략 아이디어를 낼 수 있고 실현도 가능하다. 이때 크리에이터에게는 '비주얼의 톤이 아이디어와 어떻게 어울리는가'를 점검하는 것이 중요하다.

넷째, 실행 가능성 및 배포 전략

좋은 아이디어도 미디어, 사회관계망서비스(SNS) 알고리즘, 배포 채널과 맞지 않으면 효과를 발휘하지 못한다. 예를 들어 틱톡(TikTok) 중심의 캠페인이라면, 짧고 충격적인 '포맷 해킹'이 더 효과적일 수 있다. 반대로 브랜드 정체성이 강한 기업은 해킹이 너무 튀지 않도록 톤을 조율해야 한다. AI는 이런 전략을 설계할 수 있도록 소비자 유입 경로 분석, 캠페인 핵심성과지표(KPI) 추적 등의 데이터 분석에도 도움을 줄 수 있다(WebFX).

다섯째, AI 프롬프트 전략: 성과를 위한 바른 질문 설계

생성형 AI는 정확한 프롬프트(질문 설계)가 성과를 좌우한다. 해킹 아이디어의 경우엔 다음과 같은 전략이 유용하다.

"이 슬로건의 철학은 유지하되 새로운 것을 제안해 줘."

"Z세대가 좋아하는 방식으로 이 콘셉트를 변형해 줘."
"비슷한 구조의 유명한 광고 문장을 10개만 추천해 줘."
"이 카피를 한국적인 문화와 정서에 맞게 고쳐 줘."

프롬프트 설계는 단순한 질문이 아닌, 광고와 마케팅에 적극적으로 활용될 수 있는 전략적 구조를 요청하는 기술이다. 인간의 아이디어와 프롬프트를 통해 AI는 아이디어를 더욱 정교하게 만드는 실험 조수이자 다루기에 따라서는 공동의 기획자로 진화하는 경험을 할 수 있다(Gibbons, 2025).

참고문헌

양범수(2023.2.14). 편의점 광고 드라마가 2억 5000만 뷰… MZ 사로잡은 'CU튜브' 담당자들. 《조선비즈》. https://cbiz.chosun.com/svc/bulletin/bulletin_art.html?contid=2023021400404

Estadieu, G., & Caires, C. S.(2018). Hacking: Toward a creative methodology for cultural Institutions. Proceedings of the 8th Lisbon Summer School for the Study of Culture at Microsoft headquarters, Lisbon, Portugal. https://www.researchgate.net/publication/330306336_Hacking_Toward_a_Creative_Methodology_for_Cultural_Institutions

Gibbons, M.(2025.4.24). 35 AI prompt examples for marketers.

WebFX.
https://www.webfx.com/blog/marketing/ai-prompt-examples/
Sutherland, R.(2007). Life lessons from an ad man. TED Talk.
Upwork Research(2024). Jasper AI: Boost your social media strategy.

08
시네틱스와 AI, 유추와 감성의 창의성

'시네틱스(synectics)'는 1950년대 미국의 발명가이자 심리학자인 윌리엄 J. 고든(William J. Gordon)이 개발한 창의적 문제 해결 이론이다. 그는 창조성이란 신비한 영감이 아니라 누구나 훈련을 통해 습득 가능한 기술이라 생각했다. 시네틱스라는 방법론은 특정한 사고 과정을 통해 창의적인 아이디어를 만들 수 있도록 한 것이다. 이를 활용하면 전혀 다른 속성을 가진 개념이 놀랍게 융화되어 새롭고 혁신적인 아이디어가 나올 수 있게 된다. 인간의 한계를 넘은 유추와 감성의 창의성으로 AI가 더해져 창의적인 개념을 보다 빠르고 손쉽게 연결할 수 있는 것이다.

AI와 한의학?

시네틱스: 유추를 통한 창조적 비약

시네틱스(synectics)는 '연결하다'라는 의미의 그리스어 'synectikos'에서 유래한 용어로, 서로 관계없어 보이는 개념을 연결함으로써 창의적 도약을 이룬다는 철학을 담고 있다(Wikipedia).

시네틱스의 핵심은 '유추(analogy)'다. 인간의 사고는 종종 비논리적 연결에서 기발한 발상을 얻게 되며 시네틱스는 이러한 비합리적 연결을 의도적으로 활용하는 방식을 체계화한다. 시네틱스는 문제를 객관적으로 분석하기보다 문제를 멀리서 비유적으로 관찰하고 전혀 다른 맥락의 개념과 결합해 재구성하는 것을 통해 창의적 아이디어를 발현한다. 이러한 방식은 광고 아이데이션에서 특히 강력한 효과를 발휘해 왔다. 브랜드 슬로건, 카피, 시각 콘셉트 등에서 자주 보이는 은유, 상징, 전이, 감정 이입은 모두 시네틱스적 사고에서 비롯된 것이다. 시네틱스에는 여러 가지 유추 방식이 포함된다. 대표적으로 다음 네 가지가 널리 활용된다.

직접 유추(direct analogy): 자연이나 인간의 기술에서 영감을 받는 방식.

예: "벌집처럼 정돈된 패키지 시스템"

상징적 유추(symbolic analogy): 모순적 이미지나 감정을 결합.
예: “차가운 열정”, “달콤한 독”.

환상적 유추(fantasy analogy): 현실에 존재하지 않는 상황을 상상.
예: “만약 이 제품이 사람이라면?”

인간 중심 유추(personal analogy): 문제에 감정 이입.
예: “내가 만약 이 서비스였다면?”

이러한 유추의 방법들은 전통적인 브레인스토밍과 같은 논리 기반의 접근보다 더 감각적이며 감성과 직관에 의한 창의 자극 방식에 가깝다. 특히 광고와 마케팅은 공학적 설계보다 소비자의 정서와 공감을 끌어내야 하므로, 시네틱스는 카피라이팅, 콘셉트 도출, 브랜드 내러티브 구축 등에서 매우 효과적인 방법론이다.

그러나 시네틱스는 문제점도 안고 있다. 그 유연성과 비논리성은 창의성의 근원이기도 하지만 동시에 재현 가능성이 낮고 객관적 기준으로 측정하기 어려운 결과를 산출할 위험도 있다. 이는 마케팅 전략의 일관성을 유지하려는 입장에서는 난점이 되기도 한다. 또한 창의적 유추는 개인의 인지적 능력에 따라 크게 좌우되기 때문에 팀 단위 아이데이션에서는 조율이 어렵고 결과가 천차만별일 수 있다. 바로 이 지점에서 AI의 언어 생성 능력과 유추 모델링 기능이 결정적인 보완 역할을 수행할 수 있을 것이다.

생성형 AI와 시네틱스의 결합

시네틱스의 핵심은 논리 너머의 창의성이다. 서로 무관해 보이는 개념들 간의 연결, 비유와 환상, 감정 이입과 상징적 대립을 통해 새로운 관점을 도출하는 방식은 오랫동안 인간 고유의 영역이라 여겨졌다. 그러나 생성형 AI의 발전은 이러한 고정관념을 흔들고 있다. 특히 GPT-4와 같은 대규모 언어 모델은 단순한 지식 회신 기능을 넘어 복합적 의미 생성과 은유적 표현의 생성 능력까지 보이기 시작했다(Quantum News, 2025).

AI는 어떻게 은유를 만들어 낼 수 있을까? 이는 단지 언어적 우연이 아니라 AI가 사람처럼 '유추'를 학습하는 과정을 통해 가능하다. GPT류 모델은 수백억 개의 단어와 문장 관계를 확률적으로 학습함으로써 "달콤한 성공"이나 "날카로운 비판"과 같은 비논리적 연결의 패턴을 학습할 수 있다. AI가 생성한 은유는 인간이 문학이나 광고에서 사용하는 감정적 연상의 표현과 구조적으로 유사하며 심지어 때로는 더 대담하거나 참신한 조합을 제시하기도 한다.

광고 창작에서 AI의 은유 생성 능력은 특히 시네틱스 기법과 결합할 때 가장 큰 잠재력을 발휘한다. 예를 들어 "스트레스를 씻어 내는 샴푸"라는 아이디어를 제시했을 때 생성형 AI는 이를 인간 중심 유추로 변환해 "두피가 숨을 쉬는 듯한 평온함"이라든가 "마음까지 씻기는 거품"과 같은 표현을 제안할 수 있다. 이는 단순히 문장을 멋있게 만드는 게 아니라 감각-감정-기능을 통합하는 상징적 메시지 구조를 만들어 내는 것이며 이는 고든이 시네틱스에서 강조한 "개념 간 감정적 간극의 연결"과 일치한다. 생성형 AI가 시네틱스와 결합될 때의 구체적인 효과는 다음과 같다:

첫째, 은유·비유·환유의 폭발적 다양성 제공

기존 인간 발상자는 직관에 의존해 제한된 수의 유추만 생성 가능하지만 AI는 수십~수백 개의 표현을 즉시 제시할 수 있다. 이들은 감성적, 기능적, 상징적, 문학적 층위로 다양화되어 광고 메시지 개발에 폭넓은 옵션을 제공한다.

둘째, 감정 기반 브랜드 서사 구조화

"이 제품이 사람이라면 어떤 고민을 하고 있을까?", "브랜드가 한마디 한다면 어떤 말일까?"와 같은 질문에 대해 AI는 시네틱스적 발상 방식으로 서사적 응답을 생성할 수 있다. 이는 브랜드 아이덴티티 구축, 슬로건 개발, SNS 브랜디드 콘텐츠 제작에서 실제 활용되고 있다.

셋째, 기발함과 공감의 균형 제안

인간은 기발함에 치우치거나 감정 표현이 낯설어질 위험이 있지만 AI는 대규모 학습을 기반으로 문화적으로 허용된 감정 표현, 공감 언어의 통계적 패턴을 반영함으로써 보다 균형 잡힌 아이디어를 제안한다.

넷째, 역설과 모순의 예술적 변환

앞에서 예로 든 "따뜻한 냉정"이나 "조용한 열정" 같은 모순 어법(oxymoron)을 활용한 광고 메시지 전략은 감정적 충격과 상징적 파급력이 크다. AI는 이러한 패턴을 데이터로 학습하고 새로운 조합으로 제시함으로써 감정-인지의 교차점을 자극한다.

이러한 방식은 단순히 카피를 빠르게 쓰기 위한 목적을 넘어, 감성 기반 아이데이션 구조를 정교하게 설계하고 테스트하는 도구로서의 AI 활용을 보여 준다. 특히 대형 광고 프로젝트나 브랜딩 전략 초기 단계에서 시네틱스와 AI를 결합한 감성 시뮬레이션은 소비자 인터뷰, 포커스 그룹 인터뷰(FGI) 등 전통적 감성 분석보다 더 빠르고 비용 효율적인 전략 설계를 가능하게 만든다.

시네틱스와 AI의 실전 활용

시네틱스와 AI의 결합이 이론적으로는 감성과 창의의 새로운 장을 연다고 하더라도 실제 마케팅과 광고 현장에서 어떻게 활용되고 있는지에 대한 사례 분석 없이는 그 실효성을 입증하기 어렵다. 따라서 이 단락에서는 국내외 기업, 브랜드, 대행사 들이 시네틱스적 발상을 AI와 어떻게 결합해 실무에 적용하고 있는지를 다양한 각도에서 살펴본다.

먼저, 감성 기반 슬로건 개발에서 AI가 시네틱스의 '상징적 유추'와 '인간 중심 유추'를 활용해 볼 수 있다. 예를 들어 스포츠 브랜드를 설정하고 이는 단순한 운동 능력 중심이 아니라 "도전의 의미를 다시 상상하자"는 브랜드라고 학습시켰더니 AI는 여기에 맞춰 "실패를 연습하자

(Let's practice failing)"라는 은유적 문장을 제시했다. 이 문장은 기존의 '성공 중심 사고'를 뒤집은 환상적 유추와 역설적 상징을 담아내며 강한 인상을 주었다. 해당 카피는 AI 기반 은유 변환 툴로부터 도출된 후보 문장 중 하나였고 실무에서 활용할 수 있을 것이다.

만약 화장품 스킨케어 라인의 브랜딩 프로젝트를 진행한다고 하면 '전통과 미래의 융합'을 감성적으로 풀어내게 할 수 있을 것이다. AI에게 "피부와 시간, 자연의 관계"라는 추상적 개념을 입력했더니 "과거의 비결이 미래를 어루만진다"라는 카피가 도출되었다. 이는 시네틱스적 유추의 전형적 산물로 상징적 유추와 직접 유추가 결합된 구조였다. 만약 이러한 방법으로 효과적인 광고 카피를 얻을 수 있다면 실제 캠페인 영상에서 해당 문장은 삽입될 수 있을 것이다.

또 다른 흥미로운 실험은 '시네틱스 강화형 콘텐츠 제너레이터'다. 이 시스템은 자신감이나 치유, 감성적 이별과 같은 소비자의 감정 키워드 입력을 바탕으로 AI가 시네틱스 기법에 기반한 스토리, 문장, 키비주얼 제안을 패키지 형태로 제시해 본 것이다. 스무 살 대학생을 위한 광고 카피를 실험했고 결과적으로 "피어날 준비가 된 너를 위해"라는 상징적 유추 기반 문장이 탄생했다.

실무에서의 활용 외에도, 광고 교육 및 워크숍 현장에서도 시네틱스-AI 결합 모델은 혁신적 시도를 촉진할 수 있다. 특히 광고 카피를 가르치는 수업에서 시네틱스 기법을 중점적으로 활용할 수 있다. 광고 카피라이터를 지망하는 학생들은 자신이 써 오던 카피의 구조에서 잠시 벗어나 AI와 협업을 통해 감성 키워드를 유추하고 비유법을 통한 문장을 생성하며 이에 부합하는 이미지 연상 훈련을 손쉽게 진행할 수 있게 된다. 다소 막연한 과정이라 느꼈던 창의적 글쓰기 과정이 흥미롭게 느껴질 것이며 캠페인 콘셉트를 도출하는 속도도 매우 빠르게 향상할 수 있을 것이다. 이는 시네틱스가 훈련 가능한 사고 기법이라는 본질에 충실하면서도, AI가 이를 증폭한다는 점에서 교육 분야에서도 높은 유용성을 시사한다.

정리하면 시네틱스와 AI의 결합은 감성 중심 광고 전략의 자동화 · 시각화 · 테스트 가능성을 열어 주고 있다. 특히 은유, 상징, 감정, 내러티브와 같은 추상 개념들이 AI와의 협업을 통해 구조화될 수 있다는 점은 기존의 카피 발상 패턴을 정제 가능한 창의 시스템으로 발전시킨다. 이는 광고 업계의 창의성과 과학의 결합, 즉 '크리에이티브 사이언스'로의 이행을 상징한다고 볼 수 있다.

참고문헌

Quantum News(2025.5.3.). How GPT-4 stacks up against human capabilities in analogical reasoning. Quantum Zeitgeist. https://quantumzeitgeist.com/how-gpt-4-stacks-up-against-human-capabilities-in-analogical-reasoning/

Wikipedia. Synectics. https://en.wikipedia.org/wiki/Synectics

09
하이 콘셉트 사고법과 AI의 활용

'하이 콘셉트(high concept)'는 본래 영화 산업에서 출발한 용어로, 단순히 한 줄로 요약 가능한 강력한 콘셉트를 의미했다. 2005년, 대니얼 핑크(Daniel H. Pink)는 저서 《새로운 미래가 온다》에서 하이 콘셉트를 "논리보다는 의미, 기능보다는 감성, 분석보다는 통찰이 중요한 시대의 창의 역량"이라고 정의했다.

AI와 화장품?

하이 콘셉트, 복잡한 의미를 한 문장으로

영화 〈쥬라기 공원〉은 "공룡이 되살아난 현대의 테마파크"라는 압축된 문장 하나로 모든 설명을 대체할 수 있었다. 그러나 이 개념은 이후 광고, 콘텐츠, 상품 기획, 브랜딩 전략 등 모든 창의 산업에서 핵심적인 사고방식으로 확장되었다.

하이 콘셉트(high concept)는 아이디어가 단순히 정보나 기능으로 표현되는 것이 아니라 그 이면의 감정, 가치, 철학까지 응축된 언어적 구조를 의미한다(Pink, 2005). 광고에서는 '한 줄 카피'가 이러한 하이 콘셉트의 정점에 있다. 예컨대 애플의 "Think different"는 기능이나 제품 설명 없이 브랜드의 철학을 담아낸 대표적 하이 콘셉트다. 이는 단지 인지적 설계가 아니라 심리적 전이와 문화적 상징성을 압축한 서사적 기호이며, 소비자가 브랜드와 감정적으로 관계를 맺게 만드는 정체성 선언이다.

하이 콘셉트 사고법은 일반적인 문제 해결 방식이나 제품 USP(unique selling proposition)를 나열하는 방식과는 본질적으로 다르다. 그것은 아이디어의 정보적 설득이 아니라 가치 기반 내러티브를 전달하는 방식이며 하나의 문장으로 콘셉트를 정제하기 위해선 오히려 복잡하고 다차원적인 의미 구조를 통합적으로 고려해야 한다. 이러한 점에서 하이 콘셉트는 '문장'의 형태를 취하지만 사실상 언어적 디자인, 감성적 체계화, 철학적 관점화가 동시에 작용한 복합 결과물이다.

이러한 창의적 압축은 인간의 언어 직관, 문화적 배경, 감정적 미묘함에 의존하는 경우가 많아, 재현 가능성이나 객관적 평가가 어려운 한계가 있었다. 누구나 "좋은 카피는 직관으로 만들어진다"라고 말하지만 직관은 시스템화하기 어렵고 학습하기 어렵다.

하지만 이제 의미 구조를 이해하고 감정적 반응을 예측하는 AI 시스템이 등장하면서 하이 콘셉트 사고의 실천 가능성이 확대되고 있다. 대규모 언어 모델은 인간의 감성, 상징, 철학이 담긴 문장을 통계적 · 맥락적으로 학습하고 생성해 낼 수 있으며 이는 창의적 '한 줄'의 정제 작업을 확장 가능한 프로세스로 전환할 수 있다. 예를 들어 GPT-4는 "삶을 바꾸는 공기청정기"라는 단순한 요청에 대해 "당신의 호흡이 새로워진다"와 같은 정서적 문장을 제안할 수 있으며 이는 단순한 표현을 넘어 브랜드 정체성과 연계될 수 있다.

하이 콘셉트 사고법을 AI와 연결하는 법

하이 콘셉트 사고법은 감성, 상징, 철학을 통합하는 고차원적 사고 체계이지만 본질적으로는 '하나의 의미로 여러 정체성을 교차하는 문장 구성'이라는 점에서 언어 기반의 구조와 밀접하다. 최근 생성형 인공지능, 특히 대규모 언어 모델의 진화는 이러한 언어 중심의 고차원 사고를 일정 부분 시뮬레이션하고 자동화할 수 있는 가능성을 열었다. 인간이 직관적으로 수행하던 의미 구조 조합을 AI가 데이터 기반으로 접근하며 하이 콘셉트 생성의 반복 가능성과 확장성이 보장되는 새로운 국면이 열린 것이다. 생성형 AI는 의미 · 상징 · 정서를 분리하거나 결합하는 것이 가능하다. 예컨대 "자유를 입다"라는 의류 브랜드의 하이 콘셉트를 생성하는 과정에서 AI는 다음과 같은 구조적 레이어를 식별하고 재조합한다.

기능적 레벨: 착용감, 통풍, 편안함
정서적 레벨: 자유로움, 개성, 해방감
상징적 레벨: 날개, 바람, 비행

AI는 이런 다양한 계층에서 수집된 언어적 요소들을 함축적 표현, 비유적 연결, 문화적 상징성 등의 규칙에 따라 결합해 수십 개의 문장을 도출할 수 있다. 이 과정은 시네틱스적 은유와도 유사하지만 하이 콘셉트에서는 단 하나의 문장에 이 모든 요소가 압축적 서사로 융합되어야 한다는 점에서 차별화된다. AI가 하이 콘셉트 생성에 기여하는 방식은 크게 네 가지로 정리할 수 있다.

첫째, 콘셉트 의미 구조 분석 및 유사 사례 추출

AI는 기존 광고·브랜딩 문장 수십억 개의 데이터를 학습한 바탕 위에서 입력된 키워드나 메시지의 의미적 구조와 정서적 톤을 해석한다. 예컨대 "미래적인 도시 감각"이라는 콘셉트에 대해 과거 유사한 브랜드(테슬라, 샤오미, 삼성 플립폰)의 캠페인 사례에서 도출된 카피 패턴을 분석해 유사한 어조와 메타포를 제안한다.

둘째, 콘셉트 언어 압축 기능

하이 콘셉트의 본질은 '짧지만 많은 의미를 담는 것'이다. 이는 언어적 압축 기술의 정수인데 AI는 대규모 언어모델의 다음 단어 예측(next-token prediction) 알고리즘을 통해 수많은 문장 중 가장 의미적 밀도가 높은 표현을 선택하거나 재배열할 수 있다. 즉, 기존 광고인들이 수많은 시간을 걸쳐 고민하던 '한 줄의 정제'를 수초 내로 반복 실험하며 가속화할 수 있다.

셋째, 감정 기반 카피 톤 조정

동일한 개념이라도 브랜드의 정체성이나 소비자 타깃에 따라 톤 앤드 매너가 달라야 한다. 예를 들어 '삶의 여유'라는 개념을 프리미엄 호텔에서는 "당신만을 위한 조용한 사치"로 가족형 리조트에서는 "함께여서 더 특별한 시간"으로 풀어낼 수 있다. AI는 입력된 브랜드 콘셉트와 타깃 정보를 기반으로 감성적 어조를 찾아내도록 만들 수 있다.

넷째, 하이 콘셉트 시뮬레이션 및 피드백 반복

인간 카피라이터는 하이 콘셉트를 만들 때 수많은 문장을 써 보며 실험하고 팀원 그리고 임원들의 피드백을 받는다. 생성형 AI는 학습을 통해 데이터 기반의 감성 평가, 텍스트 유사도 계산, 공감 점수 시뮬레이션 등을 통해 하이 콘셉트 문장에 대한 반응 예측을 수행하고 사용자로부터 피드백을 받아 이를 지속적으로 조정하는 기능으로 고도화할 수 있다.

이와 같은 구조를 통해 하이 콘셉트는 이제 사람의 감성과 AI의 구조적 언어 처리가 만나 창조되는 협업적 산물로 재정의되고 있다. 특히 AI는 인간의 언어 직관을 대체하기보다는 실험의 속도와 표현의 폭을 극대화하는 역할을 수행하며 팀 단위의 광고 아이데이션에서 매우 유용한 프리 시각화(pre-visualization) 도구로 활용될 수 있다. 만약 '젠지(Gen-Z)의 감성'으로 신규 출시된 화장품의 광고 콘셉트 카피를 작성해야 하는 경우, AI에게 하이 콘셉트 후보를 요청했다고 가정해 보자. AI는 "지금 이 순간, 나답게 빛나다"라는 문장을 제안할 수 있다. 이 문장은 감성적 어조('나답게'), 상징성('빛나다'), 시의성('지금 이 순간')을 담아내며 하이 콘셉트의 3요소를 충실히 반영한 것으로 볼 수 있다.

또한 자동차 기업이 AI에게 동양 철학(유기적 조화), 미래 기술(전동화 · 자율 주행), 인간 중심 가치(모빌리티의 민주화)를 상징적으로 압축한 문장을 요청하며 학습을 시킨다면 "시간과 인간, 움직임의 철학"이라는 하이 콘셉트를 만들어 내기도 한다. 이처럼 AI는 고차원 개념의 압축과 배치를 철학적 사유에 가깝게 시뮬레이션할 수 있는 수준에 도달해 가고 있다.

하이 콘셉트와 AI의 실제 적용

AI는 창의적 언어 생성, 감성 분석, 사용자 맞춤형 내러티브 구성 등에서 비약적인 진보를 이루었다. 이러한 기술적 진보는 기존의 하이 콘셉트 전략에 근본적인 변화를 가져오고 있다. 하이 콘셉트란 단지 기발한 문구를 넘어서 소비자의 무의식과 감정에 직접 연결되는 '핵심 메시지 구조'를 의미한다. 그리고 AI는 이 메시지를 더 빠르고, 더 정교하고, 더 실험적으로 생성하는 도구로 진화하고 있다. 이 절에서는 하이 콘셉트 전략과 AI 기술이 실제 브랜드 마케팅과 크리에이티브 현장에서 어떻게 결합되고 있는지를 대표적인 세 가지 사례를 통해 살펴본다.

'진화하는 자아'의 감성 콘셉트를 AI로 시각화하다

2019년, 스포츠 브랜드 나이키는 창립 50주년을 맞아 테니스 스타 세리나 윌리엄스(Serena Williams)를 중심으로 한 특별 캠페인 "Never Done Evolving"을 공개했다. 이 캠페인은 AI 합성 기술로 1999년의 젊은 세리나와 2017년의 노련한 세리나가 코트 위에서 맞붙는 영상을 제작해 '끊임없이 성장하는 인간'이라는 하이 콘셉트 메시지를 구현했다(AKQA, 2022). 해당 콘텐츠는 AI를 활용해 과거의 경기 영상을 복원한 뒤 현재의 경기와 합성하는 기법으로 제작되었으며, 단순한 스포츠 하이라이트를 넘어 시간을 초월한 자아와의 대결이라는 서사를 부여했다. 결과적으로 이 영상은 수백만 조회 수를 기록하며 크리에이티브 어워드에서도 주목받았다.

감정 맞춤형 하이 콘셉트를 자동 생성하다

넷플릭스(Netflix)는 광고 지원형 요금제(ad-supported tier)를 2024년에 공식 도입하고 AI를 활용한 맞춤형 광고 실험을 시작했다. 특히 이 광고 시스템은 시청자의 장르 취향, 시청 이력, 감성 반응 데이터를 기반으로 하이 콘셉트 문구를 실시간으로 생성하는 방식을 도입하고 있다. 예를 들어, 다큐멘터리를 즐겨 보는 사용자에게는 "이야기는 당신의 다음 질문을 만든다"는 식의 인문적 메시지가, 로맨스를 즐기는 사용자에게는 "당신의 다음 사랑이 여기 있다"라는 감성적 문장이 제공된다. 이는 단순한 리타기팅 광고를 넘어 AI가 소비자 감성을 바탕으로 서사형 메시지를 창출하는 첫 사례로 평가받고 있다(Netflix, 2025).

팬의 감성을 AI로 브랜드 세계관에 통합하다

2023년, 코카콜라는 오픈에이아이와 협업해 '크리에이트 리얼 매직'이라는 글로벌 캠페인을 전개했다. 이 캠페인은 사용자가 플랫폼에 단어나 문장, 이미지 등을 입력하면 챗지피티와 달리를 기반으로 한 생성형 AI가 이를 코카콜라 브랜드 정체성과 시각 언어로 재해석해 새로운 아트워크를 생성하는 방식으로 진행되었다(Springer, 2023.3.21). 수많은 팬들은 "내가 만든 코카콜라" 콘텐츠를 SNS에 공유하며 브랜드 세계관에 능동적으로 참여했고 결과적으로 수천 건 이상의 콘텐츠가 #CreateRealMagic 해시태그와 함께 생성되었다. 이 사례는 하이 콘셉트를 기업이 아닌 팬 커뮤니티가 주도했다는 점에서 새로운 패러다임을 제시했다.

이러한 사례들은 하이 콘셉트 전략이 이제는 인간의 직관만이 아닌, AI의 계산된 상상력과 결합해 작동하고 있음을 보여 준다. 특히 감성과 스토리텔링을 중심으로 하는 브랜드일수록 AI를 단순한 도구가 아닌 하이 콘셉트 생성의 파트너로 받아들이고 있다. 결국 중요한 것은 AI가 하이 콘셉트를 단순히 '생성'하는 단계를 넘어 그것을 소비자 맞춤형으로 '진화'시키는 데 기여하고 있다는 점이다.

참고문헌

AKQA(2022). Never Done Evolving: The Greatness of Serena

Williams.
https://www.akqa.com/work/nike/nike-50th-anniversary/never-done-evolving/

Netflix(2025.5.15.). What's next for Netflix advertising?. Netflix Newsroom.
https://about.netflix.com/ko/news/netflix-upfront-2025-the-center-of-attention

Pink, D. H.(2005). *A whole new mind: Why Right-brainers will rule the future.* Riverhead Books.

Springer, J.(2023.3.21). Coke wants fans to use ChatGPT and DALL-E to create brand artwork. Ad Age.
https://adage.com/article/marketing-news-strategy/coke-wants-fans-use-chatgpt-and-dall-e-create-brand-artwork/2480386/

10
AI와 창의성과 논리, 실행력의 통합적 진화

지금까지 활용된 광고 · 마케팅 · PR · 서비스 개발 · 교육 등의 분야에서 개발된 아이데이션 기법들은 각기 다른 목적과 맥락에 따라 고안되어 왔다. AI가 생활 전반에 영향을 주고 있는 앞으로의 실무 현장은 여러 아이데이션 방법론을 병행하거나 통합할 필요성이 점점 커지고 있다. 특히 오늘날처럼 복잡성이 높은 시장 환경에서는 단일 기법의 효용성이 급격히 낮아지고 다양한 접근을 통합해 새로운 전략을 도출해야 하는 '융합적 사고 전략'이 요구된다.

종교와 AI?

분절된 각각의 아이데이션 기법, AI와 전략적 통합 모델이 되다

오늘날처럼 복잡성이 높은 시장 환경에서는 단일 기법의 효용성이 급격히 낮아지고 다양한 접근을 통합해 새로운 전략을 도출해야 하는 '융합적 사고 전략'이 요구된다. 급변하는 광고와 마케팅 산업에도 이러한 요구에 가장 민감하게 반응하고 있는 것이 바로 AI 기반 아이데이션 체계다. 전통적인 인간 중심 아이데이션은 기법 간 연결이 분절되어 있고 각 방식이 가진 프로세스나 가치관도 달라 유기적 연계가 어려운 구조였다. 예컨대 브레인스토밍은 다수의 아이디어를 빠르게 도출할 수 있지만 그 아이디어의 논리적 근거나 시장 타당성 검증은 별도 단계로 넘어가야 했다. 반면, 디자인 싱킹은 문제 정의와 공감 중심으로 아이디어를 정제하지만 실행력 있는 전략으로 연결되기까지는 시간과 반복 실험이 필요했다.

AI는 아이디어 도출 방법들 사이의 단절을 메우고 다양한 아이데이션 방법 간의 전략적 통합을 가능하게 만드는 매개체로 작동할 수 있다. 생성형 AI는 책에서 소개할 브레인스토밍 단계에서 아이디어를 도출하고, 여섯 모자 사고법의 역할을 시뮬레이션하며, 디자인 싱킹의 반복 프로세스를 자동화하는 능력을 갖추고 있다. 이를 통해 다양한 아이데이션 방식 간의 경계를 허물고, 하나의 유기적 사고 시스템으로 통합하는 흐름을 만들 수 있는 것이다. 마지막 장인 여기에서는 책에서 소개된 아이데이션 방법들을 다시 재조합해 이상적인 방법으로 AI를 활용할 수 있도록 제시하려 한다.

1단계: GPT 기반 툴을 활용한 자동 '브레인스토밍' 또는 '브레인 라이팅'으로 다수의 아이디어 도출하고 좋은 아이디어는 '아이디어 해킹'을 통해 고도화하거나 시네틱스를 활용한 소비자 감성 언어로 발전.

2단계: '여섯 모자 사고법'을 적용한 시뮬레이션 진행(감정 · 위험 · 논리 등 역할 분화).

3단계: AI를 활용한 시장 트렌드 데이터 및 경쟁사 분석을 진행하고 하이 콘셉트를 적용해 인사이트 있는 결과물 도출.

4단계: 사용자 인터뷰 데이터와 온라인 감정 분석을 통합해 '디자인 싱킹'의 공감-문제 정의-아이디어-프로토타입-테스트 흐름에 적용.

5단계: 최종 전략 기획안 작성 시, AI를 활용해 실행 계획의 자동 설계 및 ROI(return on investment) 시뮬레이션.

이 과정은 단순히 각 기법을 나열한 것이 아니라, AI의 분석 및 생성 능력을 매개로 아이데이션 기법 간의 논리적 연결을 자연스럽게 설계한 모델이다. AI는 기존 아이데이션 방식 각각의 장점은 유지하면서도 약점을 체계적으로 보완해 반복성의 한계, 객관성 부족, 실행 전략 부족 등을 보완할 수 있다. 이제 AI를 활용해 '생산성과 논리성, 실행력을 모두 통합하는 전략 설계 도구'로 활용할 수 있으며 인간은 창의적 통찰과 직관을 제공하고 AI는 이를 실현 가능한 실행 전략으로 면밀히 살피고 확장하는 구조다. 이는 단순한 보조를 넘어 '공동 전략 설계자(co-strategist)'로서의 AI 역할이 확장되었다고 볼 수 있다. 인간의 한계를 넘기 위해 만든 기존의 아이데이션 방법과 이론들은 앞으로 AI를 통해 더욱 직관적이며 세분화되고 효율적인 아이디어를 도출할 수 있게 될 것이다.

AI가 연결하는 아이데이션의 전략적 운용

현재에도 광고 회사에서 진행되는 아이디어 회의를 떠올려 보면 기획팀과 제작팀이 시간을 정하고 모여서 각

자가 생각한 아이디어의 핵심 내용을 콘셉트별로 설명한 뒤 그것을 취합하고 리뷰해 의사 결정권자인 임원이나 크리에이티브 디렉터(creative director, CD)가 정해 준 방향에 따라 재정리해 완성해 나가는 과정일 것이다. 그사이에 아이디어를 결정하는 전문성 있는 임원이나 담당 CD의 직관에 의존하기에 장단점이 발생하는데, 때로는 실력자에 의해 매우 효율적일 수 있지만 때로 지나치게 비효율적이거나 현실적이지 않은 등 진행되는 회의의 과정이 구성원과 결정권자에 따라 매우 불규칙하고 모호한 측면을 갖고 있다. 이러한 점 때문에 한정된 시간에 모인 여러 사람의 시간과 비용을 효율적으로 활용하지 못해서 안타까운 상황과 결과를 낳기도 하는 것이다.

아이데이션의 핵심은 단지 창의적 아이디어를 도출하는 것이 아니라, 그것을 실행 가능한 형태로 정제하고 전략으로 전환하는 전 과정에 있다. 실제 마케팅 실무에서 가장 어려운 지점은 아이디어가 아니라 아이디어 간 우선순위 설정, 실현 가능성 검토, 자원 배분, 효과 예측 등 전략화 작업이다. 특히 하나의 아이디어를 광고 메시지, 제품 콘셉트, 고객 경험 전략 등으로 변환하려면 다양한 이해관계자의 조율이 필요하고, 수많은 반복과 수정이

뒤따른다. 이는 아이데이션 기법들만으로는 해결하기 어려운 실행 중심 문제이며, 이 지점에서 AI는 중요한 역할을 한다.

AI는 아이데이션의 각 단계를 수직적 프로세스가 아닌 데이터 기반 상호 작용의 흐름으로 설계할 수 있게 해준다. 예를 들어 생성형 AI 모델은 아이디어를 단순 생성하는 데 그치지 않고, 다음과 같은 전략 자동화 기능까지 지원한다.

첫째, 콘셉트 카테고리 분류 및 구조화

생성된 아이디어들을 AI가 자동으로 분류하고, 콘셉트 간 유사도, 신선도, 전략 적합성 기준으로 정렬함으로써 아이디어 간 비교 평가의 기준점을 제공한다.

둘째, 시장 데이터 기반 실행 가능성 분석

AI가 경쟁사 캠페인, 소비자 반응, 유사 콘셉트의 성과 데이터를 학습해, 각 아이디어가 실제 시장에서 어떤 반응을 받을지 예측한다.

셋째, ROI 기반 전략 추천

특정 아이디어에 대한 마케팅 전략(예: 디지털 퍼포먼스 광고, 인플루언서 캠페인, PR 연계 등)을 자동으로 매칭하고, 예산 시뮬레이션까지 제공한다.

넷째, 전략 문서 자동 작성

최종 기획안, 스토리보드, 슬로건, 프레젠테이션 초안을 AI가 자동으로 생성해 그간 많은 시간과 에너지를 쏟게 했던 전략 기획의 시간을 획기적으로 단축한다.

AI를 활용하면 아이디어 회의에서 생성된 수백 개의 발상 안을 정리하고, 소비자 감성 분석 및 시장 트렌드 데이터와 연계한 예측 모델링을 통해 최종 캠페인 전략 초안을 도출할 수 있다. AI는 이러한 방식으로 아이데이션의 '창의 → 논리 → 실행' 흐름을 하나의 패턴 내에서 자동 설계할 수 있게 해 주며 이는 전통적인 광고 회사, PR 회사, 스타트업, 브랜드 팀 등 다양한 조직에서 비용 효율성과 실행 속도를 동시에 향상하는 도구가 될 것이다. 이에 더해 최근에는 AI를 통한 전략 자동화가 협업 프로세스 전체를 혁신하는 단계로 진입하고 있다. 퍼블리시스 그룹(Publicis Groupe)은 자사의 전 세계 광고 조직을 하나로 연결하고자, AI 기반 조직 내 아이디어 · 기획 · 제작 자동화 생태계를 실현한 플랫폼 '마르셀

(Marcel)'을 2018년에 정식 공개했다(Indian Television, 2018.5.24). 마르셀은 마이크로소프트와의 기술 제휴를 통해 설계되었으며 전 세계 8만 명 이상의 직원이 접근 가능한 AI 기반 지능형 네트워크 시스템이다(김형택, 2024). 이 플랫폼은 직원의 전문성, 관심사, 프로젝트 이력 등을 AI가 학습해 적절한 협업 대상과 지식을 자동 추천하고 새로운 기회 및 제안서 작성에도 AI가 관여한다. 광고 캠페인의 브리프가 입력되면 사내 유사 캠페인 레퍼런스를 즉시 호출하고 사내 다른 국가의 전문가와 연결하며, 필요한 경우 AI가 카피 초안을 제시한다.

마르셀은 단순한 사내 인트라넷이 아니라 지식 추천, 브레인스토밍, 멘토링, 실시간 업무 연결 등을 제공하는 'AI 기반 조직 창의성의 발전 시스템'으로 설계되었으며, 퍼블리시스 그룹은 이를 통해 "광고 아이데이션의 글로벌 동시 협업화"를 현실화했다. 특히 캠페인 초기 기획 단계에서 사용자의 질문에 따라 전사 데이터베이스에서 핵심 인사이트를 뽑아 주는 '지능형 큐레이터' 기능은 기존의 오프라인 브레인스토밍을 데이터 기반 구조화된 시스템으로 진화시켰다. 이에 따라 최근 국내의 종합 광고 대행사들과 외국계 기업들도 AI를 활용하는 전담 팀을 구성하고 있다.

결국 AI가 아이데이션의 각 단계를 연결한다는 것은 사고의 단편화나 직관성의 모호함에서 탈피해 전략의 흐름 전체를 하나의 '설계 가능한 프로세스'로 재구성한다는 의미다. 이는 인간의 창의성과 AI의 실행 자동화가 결합해 과거에는 불가능했던 전략적 완성도를 실현할 수 있게 만든다. 앞으로 AI는 단지 아이디어 도우미가 아니라, 전략적 사고의 동반자이자 실행 설계자로 기능하게 될 것이다.

AI와 인간의 아이데이션의 융합적 진화

아이데이션에서 AI의 도입은 단순한 생산성 향상을 넘어서 인간의 사고방식 자체를 전환하는 패러다임 변화로 이어지고 있다. 전통적인 아이데이션은 인간의 두뇌 활동을 중심으로 구성되었으며 감각적 직관, 사회 문화적 맥락, 비유와 상징 등의 창의적 요소가 핵심이었다. 그러나 지금은 이러한 요소들이 AI와 상호 작용하며 '공진화(co-evolution)'의 단계로 진입하고 있다. 한 생물 집단이 진화하면 이와 관련된 생물 집단도 진화하는 현상을 가리키는 진화 생물학의 개념이며, 앞으로는 인간의 사고방식이 AI와 협력하는 형태로 진화하고 있고 AI 역시 인간의 창의성 패턴을 학습해 더 정교하고 의미 있는 산출을 만들어 내는 방향으로 발전하고 있음을 뜻한다.

이 공진화의 핵심은 창의성과 반복성의 조화다. 인간은 직관적으로 뛰어난 연상 능력과 감성적 판단을 갖고 있지만 수백 번의 반복과 재구성에는 취약하다. 반면, AI는 인간이 시도할 수 없는 속도로 수많은 조합과 반복 실험을 수행할 수 있다. 이 조합은 예를 들어, 인간이 세 가지 카피 콘셉트를 설정하면 AI가 이를 50가지 버전으로 확장하고 그중 시장 예측 데이터 기반으로 성과가 높을 걸 추천하는 방식이다. 이전에 카피라이터들이 콘셉트와 핵심 키워드를 도출한 후 이를 바탕으로 다양한 레토릭(rhetoric)을 구상하기 위해 많은 시간을 쏟아내던 것이 AI로는 아주 빠르게 결과물을 생성할 뿐 아니라 다양한 관점으로 사고가 가능해진 것이다. AI와 함께하는 이러한 '창의적 기준 + 다각화된 반복 확장'의 구조는 앞으로 아이데이션의 표준 모델이 될 것이다.

또한 AI는 인간의 편향된 사고를 보완하는 기능도 수행한다. 실제로 인간은 개인의 경험, 소속 조직의 문화, 팀 내 권력 구조에 따라 아이디어 평가나 선택 과정에서 인지적 편향(cognitive bias)을 가질 수밖에 없다. 그러나 AI는 다양한 시각에서 아이디어를 제시하거나 감성 분석을 통해 사용자 관점에 더 가까운 제안을 추천함으로써 이러한 편향을 줄일 수 있다. 이는 광고와 마케팅 분야에서 '집단 사고(group think)'를 넘어서 다양성과 창의성을 확보하는 데 결정적이다. 광고 회사의 아이디어를 결정하는 담당자의 제한적인 사고에서 벗어나 더 넓은 시야에서 검토해 보는 것은 큰 도움이 될 것이다.

미래의 아이데이션 환경에서는 인간과 AI가 '역할 분담'을 넘어 '협업 사고 공동체'로서 통합될 가능성이 크다. 인간은 문제를 설정하고 질문을 구성하며 방향성을 제시하고, AI는 그 방향 안에서 다양한 가능성과 실행 시뮬레이션을 제안한다. 이는 창의성의 새로운 정의로 이어지는데, 창의성은 인간의 독창성만을 의미하지 않으며 다양한 관점으로 확장된 사고를 통해 'AI와의 상호 작용 속에서 생성되는 의미 있는 구성물'로 확장된다.

이러한 변화는 이미 광고 업계의 구조에도 영향을 미치고 있다.

이제 광고 회사들은 AI를 '팀원'처럼 다루며 프로젝트 브리프 단계에서부터 AI가 함께 분석하고 콘셉트를 제안한다. 이 과정에서 'AI의 제안은 인간 팀원이 놓치는 지점을 보완해 주며 카피와 아트 사이의 긴장을 조율하는 데 유용하다'고 생각한다. 또한 일본의 광고 회사 덴쓰(Dentsu)는 AI를 활용해 수천 건의 광고 데이터를 학습시키고 브랜드별로 적합한 톤 앤드 매너와 포맷을 자동화한 시스템을 활용 중이다. 이는 인간의 창의적 판단력과 AI의 데이터 분석력이 상호 강화되는 모델의 대표 사례다.

궁극적으로 인간과 AI의 아이데이션 공존은 아이데이션의 철학적 접근으로 거슬러 생각해 볼 수 있다. 과거 소크라테스가 질문을 통해 진리를 끌어냈다면 오늘날 인간은 AI와의 대화를 통해 스스로의 사고를 재구성하고, 새로운 형태의 집단지성을 구성해 나가고 있다. 이 흐름은 창의성의 민주화, 아이디어 접근성의 평등화, 실행 전략의 자동화를 동시에 견인하는 새로운 창의 패러다임으로 자리 잡고 있다.

이제 우리가 예측할 수 있는 것은 이제 기업의 전략팀, 마케팅 조직, 콘텐츠 기획 부서는 AI와 인간이 함께 사고하고 설계하는 '하이브리드 아이데이션 팀'을 표준으로 받아들이게 될 것이라 추측한다. 중요한 것은 도구로서 AI를 활용하는 것이 아니라, AI의 관점과 인간의 가치관이 충돌하고 융합하는 과정에서 진정한 창의가 발생한다는 점이다. 이 통합적 구조 속에서 'AI 시대의 아이데이션 전략'은 단지 기술을 말하는 것이 아니라, 새로운 사고의 윤리, 감성, 구조를 어떻게 재편할 것인가에 대한 문제로 확장될 수 있다.

참고문헌

김형택(2024.7.12). AI 전환 시대, 글로벌 광고 회사의 생존 전략은?. 《디지털 인사이트》. https://ditoday.com/ai-%EC%A0%84%ED%99%98-%EC%8B%9C%EB%8C%80-%EA%B8%80%EB%A1%9C%EB%B2%8C-%EA%B4%91%EA%B3%A0-%ED%9A%8C%EC%82%AC%EC%9D%98-%EC%83%9D%EC%A1%B4-%EC%A0%84%EB%9E%B5%EC%9D%80/

Indian Television.(2018.5.24.). Publicis launches AI-powered tool Marcel. https://admin.indiantelevision.com/mam/media-and-advertising/ad-agencies/publicis-launches-ai-powered-tool-marcel-180524

이구익

계원예술대학교 영상디자인과 교수(학과장)이며 성균관대학교 미디어문화융합대학원의 객원교수다. 고려대학교 영상문화학협동과정 박사과정을 수료했고 성균관대학교 커뮤니케이션대학원에서 광고홍보를 전공했다. 크리에이티브마스를 창업해 CCO(Chief Creative Officer)로 다양한 광고 캠페인을 담당했으며 창업 전에는 세계적인 광고 회사 BBDO KOREA에서 디지털 크리에이티브 디렉터로 근무했다. 현재 교수 창업으로 ESG 중심의 콘텐츠와 프로젝트를 제작, 진행하는 이스터에그 프로덕션의 설립을 준비하고 있다. 세계 3대 광고제 중 하나인 뉴욕 페스티벌(New York Festivals) 디지털 부문 심사위원, 부산국제마케팅광고제(MAD STARS) 예선심사위원과 스피커, 에피어워드 코리아 본선 심사위원, 대한민국 대학생 광고대회 KOSAC 집행위원장을 역임했다. 수상 이력으로는 대한민국 디지털광고대상 금상, 캠페인 아시아 퍼시픽 금상, 뉴욕페스티벌 파이널리스트, 아시아 퍼시픽 스티비 어워드 금상, 스위스국제광고제 파이널리스트, 부산국제마케팅광고제 파이널리스트, 대한민국 광고대상 특별상 등이 있다. 감독으로는 브라질한국영화제 단편영화 경쟁부문에 진출하고 서울국제어린이청소년영화페스티벌 봄빛상을 수상했으며, 한국음원저작권협회 소속 작사가, 수필 작가, 경기국제미술협회 회원 등 다방면에서 활동 중이다.